Г.Л. Скворцова

Глаголы движения — без ошибок

Пособие для студентов, изучающих русский язык как иностранный

РУССКИЙ ЯЗЫК
КУРСЫ

Москва
2013

УДК   811.161.1
ББК   81.2 Рус-96
     С42

Художник В. Г. Алексеев
В книге использованы рисунки *Х. Бидструпа* (с. 75–87)

Скворцова, Г.Л.
С42   **Глаголы движения — без ошибок:** Пособие для студентов, изучающих русский язык как иностранный / Г.Л. Скворцова. — М.: Русский язык. Курсы, 2013. — 136 с.

ISBN 978-5-88337-058-7

Пособие предназначено для иностранных учащихся, имеющих базовый уровень подготовки по русскому языку. Оно знакомит учащихся с основными закономерностями функционирования данной группы глаголов в речи, предупреждает ошибки на смешение близких по значению глаголов, дает представление об употреблении их в переносном значении.
Книга иллюстрирована.

ISBN 978-5-88337-058-6

Предисловие

Настоящее пособие предлагается иностранным учащимся с базовым уровнем владения русским языком.

Цель пособия — ввести в активную речь учащихся глаголы движения, предупредив типичные ошибки на смешение определённых значений этих глаголов.

В пособии четыре главы: глава первая «Глаголы движения без приставок»; глава вторая «Глаголы движения с приставкой **по-**»; глава третья «Глаголы движения с приставками»; глава четвёртая «Употребление глаголов движения в переносном значении».

Презентация учебного материала в пособии организована по принципу — от общего к частному: то есть сначала даются основные сведения на определённую тему, затем сопоставляются отдельные смешиваемые лексико-грамматические явления, что, по мнению автора, позволяет вскрыть механизм появления ошибки и тем самым избежать её.

В каждой главе имеются образцы с изучаемым материалом и комментарий к предлагаемым образцам. В третьей главе вводится видовое значение глаголов движения. В пособии много рисунков, так как для закрепления и активизации изучаемого материала автор максимально использовал задания с опорой на зрительный ряд.

К упражнениям, отмеченным *, даны ключи в конце книги. Имеются также небольшие по размеру тексты, шутки и микротексты с занимательной информацией, что должно повысить интерес учащихся не только к изучению конкретной темы, но и к изучению русского языка в целом.

В конце третьей главы даётся контрольное задание на вставку в связный текст глаголов движения с приставками и без приставок для проверки усвоения пройденного материала.

В конце четвёртой главы предлагается адаптированный текст романа А.Р. Беляева «Человек-амфибия», в котором встречаются глаголы движения в прямом и переносном значениях. А сам увлекательный сюжет произведения, несомненно, должен способствовать активизации изученного материала в речи иностранных учащихся.

В своей работе автор опирался на материалы, представленные в пособиях Л.С. Муравьевой, Г.А. Битехтиной, Л.П. Юдиной.

Автор

Глава первая

ГЛАГОЛЫ ДВИЖЕНИЯ БЕЗ ПРИСТАВОК

Непереходные глаголы движения *(куда? откуда?)*

1-я группа *DET*	2-я группа *INDET*
Глаголы несовершенного вида	**Глаголы несовершенного вида**
идти, иду, идёшь, идут; шёл, шла, шли	**ходить**, хожу, ходишь, ходят
ехать, еду, едешь, едет	**ездить**, езжу, ездишь, ездят
бежать, бегу, бежишь, бегут	**бегать**, бегаю, бегаешь, бегают
лететь, лечу, летишь, летят	**летать**, летаю, летаешь, летают
плыть, плыву, плывёшь, плывут	**плавать**, плаваю, плаваешь, плавают
лезть, лезу, лезешь, лезут; лез, лезла, лезли	**лазить**, лажу, лазишь, лазят (climb vert) (лазать, лазаю, лазаешь, лазают)
ползти, ползу, ползёшь, ползут; полз, ползла, ползли	**ползать**, ползаю, ползаешь, ползают (crawl horiz) insects + slow movement
брести, бреду, бредёшь, бредут; брёл, брела, брели	**бродить**, брожу, бродишь, бродят trudge

Переходные глаголы движения *(куда? откуда? что? кого?)*

нести, несу, несёшь, несут; нёс, несла, несли	**носить**, ношу, носишь, носят
вести, веду, ведёшь, ведут; вёл, вела, вели	**водить**, вожу, водишь, водят
везти, везу, везёшь, везут; вёз, везла, везли	**возить**, вожу, возишь, возят
гнать, гоню, гонишь, гонят	**гонять**, гоняю, гоняешь, гоняют
катить, качу, катишь, катят	**катать**, катаю, катаешь, катают
тащить, тащу, тащат	**таскать**, таскаю, таскаешь, таскают to pull, drag

Лексическое значение глаголов движения без приставок

Она идёт …

Он едет …

Они бегут …

Они летят …

Он плывёт …

Она лезет …

Он лезет …

Она ползёт …

Он ползёт …

Он несёт …

Она ведёт …

6

Он везёт ...

Он едет в поезде и везёт ...

Она гонит ...

Он катит ...

Он катит ...

Он тащит ...

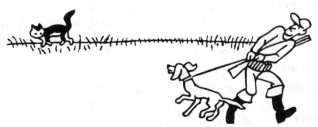

Он тащит ...

7

Идти (ходить) — передвигаться пешком.
Девочка идёт домой.

Ехать (ездить) — двигаться при помощи каких-либо средств передвижения.
Мальчик едет домой на велосипеде.

Бежать (бегать) — двигаться быстро без каких-либо средств передвижения.
Собаки бегут.

Лететь (летать) — передвигаться по воздуху.
Птицы летят на юг.

Плыть (плавать) — передвигаться по воде или в воде.
Теплоход плывёт в Сочи. Спортсмен плывёт к финишу.

Лезть (лазить) — а) подниматься или опускаться (двигаться по вертикали) куда-либо, хватаясь, цепляясь за что-либо;
б) проникать куда-либо.

Собака лезет по дровам к окну. Альпинист лезет на вершину горы.

Котёнок лезет в трубу. Мышка лезет в свою нору.

Ползти (ползать) — а) передвигаться по поверхности всем телом в горизонтальном положении;
б) передвижение насекомых и животных на коротких лапах (передвижение пчелы, ящерицы, крокодила, черепахи и т. п.);
в) передвигаться медленно.

Змея ползёт по песку. Мальчик ползёт по полю. Муха ползёт по стеклу. Поезд ползёт.

Брести (бродить) — идти с трудом или медленно.
Старик бредёт по дороге.

Нести (носить) — идти и иметь при себе что-либо или кого-либо (в руке, в руках, на руках, под мышкой, на спине, на плече, на плечах, на голове, в зубах и т. п.).

Официант несёт заказ.

Вести (водить) — а) сопровождать, направлять кого-либо;
б) управлять каким-либо видом транспорта.

Воспитательница ведёт детей на прогулку. Он осторожно ведёт машину.

Везти (возить) — а) доставлять что-либо или кого-либо при помощи каких-либо средств передвижения;
б) ехать куда-либо и иметь при себе что-либо или кого-либо.

*Он **везёт** траву на тележке. Он едет в поезде и **везёт** цветы.*

Гнать (гонять) — заставлять кого-либо двигаться в каком-либо направлении.

*Девушка **гонит** гусей к пруду.*

Катить (катать) — а) вращая что-либо, передвигать вперёд;
б) возить для прогулки.

*Котёнок **катит** клубок. Отец **катал** детей на лодке.*

Тащить (таскать) — а) нести что-либо тяжёлое с трудом;
б) передвигать волоком, силой.

*Рабочий **тащит** тяжёлый ящик. Рыбаки **тащат** лодку к реке.*

Задание 1. В предложения, данные к рисункам, вставьте подходящие по смыслу глаголы движения без приставок:

а) в настоящем времени; б) в прошедшем времени.

Она ... завтрак

Он ... на крышу дома.

Он ... на воздушном шаре.

9

Ёжик ... яблоко.

Спортсмен ... к финишу.

Лягушки ... в носки.

Он ... и ... тяжёлые книги.

Она ... корову в деревню.

Мышка ... по хвосту из бутылки.

Он ... .

Он ... бочку в магазин.

Он ... рабочих на митинг.

Мальчик ... под стол за мячом.

Он ... лыжи.

Он ... ребёнка в коляске.

Она ... покупки.

Обезьяна ... на дерево.

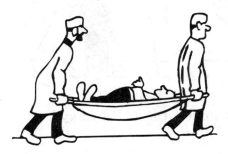

Они ... больного.

Рикша ... пассажира.

Мальчик ... обруч.

Кошка ... за мышкой.

Он неаккуратно ... машину.

Он ... бабушку.

Она ... пачку пече-
нья.

Он ... бабушку.

Она ... собаку.

Он ... багаж.

Он осторожно … машину.

Официант … ужин.

Они … в парк

Он … на дельфине.

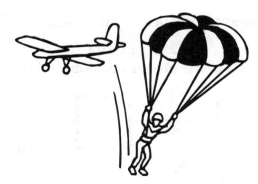

Парашютист … вниз.

Лягушка … обруч.

Обратите внимание!

Squirrel

Тигр **ползёт** в тростнике, под- крадывается к своей жертве.	Белка **лезет** в дупло, прячется от охотника.

Глагол **ползти** обозначает движение в горизонтальном положении, лёжа (а также медленное движение и передвижение насекомых); глагол **лезть** обозначает проникновение куда-либо, согнувшись, не в полный рост (лезть в палатку, под стол, в пещеру, в бочку и т. п.), а также передвижение по вертикали (вверх или вниз).

Задание 2. Вместо точек вставьте в предложения глаголы **ползти** или **лезть.**

1. Туристы ... в палатку, потому что пошёл дождь. 2. Мальчик медленно ... , чтобы поймать бабочку. 3. Пожарный ... на крышу горящего дома. 4. Муравьи один за другим ... по стволу дерева. 5. Альпинисты ... вверх по отвесной скале. 6. Черепаха ... к воде. 7. Маленький зверёк ... в свою норку. 8. Трамвай не едет, а ... , потому что на дороге пробка. 9. Артист цирка ... вверх по канату. 10. Туристы ... в пещеру.

Задание 3. Прочитайте афоризм и скажите, как вы его понимаете: «Падает тот, кто **бежит**. Тот, кто **ползёт**, упасть не может». (Бернар Шоу)

Употребление глаголов движения без приставок

1-я группа Глаголы несовершенного вида	**2-я группа** Глаголы несовершенного вида

Он в пути

туда
оттуда

был (бывал)

Настоящее время

— Куда он идёт?
— Он **идёт** в школу.

Он школьник. Он **ходит** в школу.

Прошедшее время

Когда он **шёл** в школу, он купил в киоске газету.

Вчера он **ходил** в школу.

Будущее время

Когда завтра вы **будете идти** по Тверской улице, обратите внимание на памятник А. С. Пушкину.

Он поступил в школу. Он скоро **будет ходить** в школу

Комментарий

DET

Глаголы этой группы обозначают движение в его развитии, совершающееся в одном направлении, и указывают, что субъект движения, стремясь к цели, всегда находится в пути к этой цели: _он **идёт** = он в пути, он **шёл** = он был в пути, он **будет идти** = он будет в пути._

В настоящем времени эти глаголы обозначают движение в момент речи, в прошедшем времени — движение, которое происходило в одном направлении, на фоне которого совершилось или совершалось какое-либо действие; в будущем времени — движение, которое будет происходить в одном направлении, на фоне которого совершится или будет совершаться какое-либо действие.

Глаголы этой группы могут обозначать действие, повторяющееся только в одном направлении: _Каждый день он **едет** на работу на автобусе, а с работы **идёт** пешком._

INDET

1) Глаголы этой группы обозначают движение, совершающееся в двух направлениях (туда и оттуда), и указывают, что субъект движения достигает цели своего пути: он бывает, был или будет в пункте, в который направлялся: _он **ходит** в школу = он бывает в школе, он **ходил** в школу = он был в школе, он **будет ходить** в школу = он будет посещать школу._

Глаголы этой группы выражают в настоящем и будущем времени повторяющееся движение, а в прошедшем времени — единичное движение.

2.

У него болит зуб, и он **ходит** по комнате.

Посетители **ходят** по залам музея.

Глаголы движения этой группы могут обозначать многократное движение в двух направле-

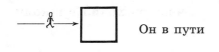

Он в пути

нияхь (туда и обратно) или в разных направлениях.

3. Глаголы этой группы могут обозначать движение как умение: *ребёнок уже **ходит*** = *ребёнок умеет **ходить**.*

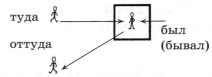

туда — был (бывал)
оттуда

Идти

— Куда он спешит?
— Он **идёт** в университет.
От общежития до университета он **идёт** 20 минут.
Когда он **шёл** в университет, он купил газету.

Ходить

Он студент. Он **ходит** в университет 5 раз в неделю.

Вчера он тоже **ходил** в университет.

Ехать

— Куда он направляется?
— Он **едет** в университет.
От общежития до университета он **едет** 40 минут.
Когда он **ехал** в университет, он читал газету.

Ездить

Он занимается спортом, поэтому 3 раза в неделю он **ездит** на стадион.

Вчера он тоже **ездил** на стадион.

Лететь

— Куда **летит** этот самолёт?
— В Пекин.
— Сколько времени обычно самолёт **летит** от Москвы до Пекина?
— 6 часов.
Когда он **летел** в Пекин, он познакомился с китайским журналистом.

Летать

Этот самолёт **летает** в Пекин 2 раза в неделю.

В прошлом году он **летал** в Пекин.

Плыть

— Куда **плывёт** этот пароход?

— В Углич.

— Сколько времени обычно он **плывёт** в Углич?

— 20 часов.

Когда мы **плыли** на теплоходе по Волге, мы любовались природой.

Плавать

Этот теплоход **плавает** в Клайпеду.

Месяц назад он **плавал** в Клайпеду.

Бежать

Спортсмен **бежит** к финишу.

От старта до финиша спортсмен **бежал** 3 минуты 30 секунд.

Когда спортсмен **бежал** к финишу, он упал.

Бегать

По утрам, чтобы сэкономить время, я не хожу, а **бегаю** за газетой в киоск.

Утром я **бегал** в аптеку за лекарством, потому что моему соседу была нужна срочная помощь.

Лезть

Смотрите: мальчик **лезет** на дерево. Когда он **лез** на дерево, порвал рубашку.

Лазить

Мальчик **лазил** на дерево за яблоками. Он собрал много яблок.

Ползти

Спасатели **ползут** по льду к тонущему мальчику.

Ползать

Солдат **ползал** к реке за водой. Он принёс воду раненым.

Задание 4. Прочитайте диалоги, вставляя пропущенные глаголы движения.

1. — Здравствуй, Антон!

— Здравствуй, Виктор!

— Куда ты ... ?

— Я ... в театр.

— А ты часто ... в театры?

— Не очень часто. А ты любишь театр? Ты уже ... в какой-нибудь московский театр?

— Да, я ... в Большой театр на балет.

2. — Здравствуй, Ли!
— Здравствуй, Дживей!
— Куда ты ... ?
— В столовую. А ты?
— А я ... на занятия.
— Но ты опоздал на 2 часа!!!
— Утром у меня болела голова, и я ... в поликлинику.

3. — Ты работаешь или учишься?
— Я учусь на факультете журналистики.
— И сколько раз в неделю ты ... на занятия?
— 5 раз в неделю.
— А сейчас ты тоже ... на факультет?
— Нет, в библиотеку.

4. — Где ты живёшь?
— В студенческом общежитии.
— Это далеко от университета?
— Нет, в университет я ... пешком.
— И сколько времени ты ... от общежития до университета?
— Всего 15 минут.

5. — Ты занимаешься спортом?
— Да, плаванием.
— А где? Я тоже люблю плавать.
— Я ... в бассейн университета 3 раза в неделю.
— А сейчас ты тоже ... в бассейн?
— Да. Если хочешь, пойдём со мной. Ты тоже можешь записаться в секцию плавания.
— С удовольствием!

6. — Где ты отдыхал прошлым летом?
— Я ... в Сочи на Чёрное море.
— Ты ... на поезде?
— Нет, я ... на самолёте.
— Сколько времени обычно самолёт ... до Сочи?
— 2 часа. Очень удобно. А на поезде надо ... 28 часов. Поэтому я предпочитаю самолёт.

7. — Когда и откуда ты приехал в Москву?

— 3 недели назад из Японии.

— Ты ... на самолёте или ... на теплоходе?

— Я ... на самолёте.

— Долго?

— 6 часов.

— Чем ты занимался всё это время?

— Когда я ... в Москву, я читал, смотрел в иллюминатор, беседовал с попутчиками.

8. — Как ты ... из Пекина в Москву?

— На поезде.

— И сколько времени ты ... ?

— Почти неделю!

— Как долго! Ты, наверное, очень устал!

— Немного. Но было очень интересно! Мы ... по берегу Байкала, мимо лесов и полей, любовались природой.

Задание 5. Прочитайте тексты, вставляя пропущенные глаголы движения.

1. Обычно от общежития до станции метро я ... пешком 5 минут. Потом ... три остановки на метро до станции «Профсоюзная». От «Профсоюзной» до факультета я опять ... пешком 10 минут. Я никогда не опаздываю и всегда прихожу на занятия вовремя.

2. Во время зимних каникул я ... в Санкт-Петербург. Туда я ... на поезде. Когда я ... в Санкт-Петербург, я познакомился с коренным жителем Санкт-Петербурга. Он рассказал мне много интересного о своём родном городе. А обратно из Санкт-Петербурга я ... на самолёте. Раньше я никогда не летал на самолёте, поэтому, когда ... , очень волновался.

3. В прошлом году я ... в Ялту. Отдохнул немного на море, а потом совершил поездку на теплоходе из Ялты в Одессу. Мы ... 2 дня. Когда мы ... , была прекрасная погода. Я очень доволен этой поездкой.

4. Вчера я ... на стадион. Там были соревнования по лёгкой атлетике. Сначала был бег на дистанцию 500 метров. Впереди всех ...

спортсмен из общества «Динамо», за ним — спортсмен из общества «Труд». Когда они ... последние метры до финиша, спортсмен из общества «Динамо» упал, поэтому победил спортсмен из общества «Труд».

5. Что я делал на прошлой неделе?

В понедельник, во вторник, в среду, в четверг, в пятницу я ... на занятия в университет. В субботу вместе с группой я ... на экскурсию в Кусково. Туда мы ... на автобусе, а обратно — на электричке, потому что, когда мы ... из Остафьева в Москву, автобус сломался. В воскресенье я ... на стадион в бассейн. Там я принимал участие в соревнованиях по плаванию. Сначала я ... третьим, но потом перегнал своих соперников и приплыл к финишу первым.

Задание 6. Ответьте на вопросы, используя глаголы движения без приставок.

О б р а з е ц : — Вы были вчера в библиотеке?
— Да, я **ходил** в библиотеку.

1. Каким видом транспорта вы пользуетесь, чтобы приехать на факультет?

2. Сколько времени вы добираетесь до факультета?

3. Что вы делаете (в транспорте) по пути на факультет?

4. Сколько раз в неделю вы бываете на факультете?

5. В каких странах мира вы побывали? Сколько времени и каким видом транспорта вы туда добирались? Чем вы занимались во время поездки?

6. На каких экскурсиях вы были?

7. В каких московских театрах вы побывали?

8. Какие города России (кроме Москвы) вы посетили?

9. Как вы добирались до Москвы? На поезде? На самолёте? На пароходе? Сколько времени вы были в пути? Чем вы занимались в пути?

10. Вы были в Третьяковской галерее? Как вы туда добирались?

Задание 7. а) Используя глаголы движения без приставок, задайте вопросы новому студенту вашей группы, который:

1) приехал на поезде из Китая;

2) сначала приплыл на пароходе из Китая во Владивосток, а потом на поезде приехал в Москву;

3) прилетел на самолёте из Китая;

4) прилетел из Республики Куба;

5) приехал на поезде из Германии;

6) сначала приплыл на теплоходе из Японии, а потом на самолёте прилетел в Москву;

7) приплыл на теплоходе из Республики Куба, а потом приехал на поезде в Москву.

б) Используя глаголы движения без приставок, задайте вопросы студенту, который уже несколько месяцев живёт в Москве, а вы приехали в Москву недавно.

Задание 8. Используя глаголы движения, расскажите:

1) как вы добирались в Москву;

2) как вы добираетесь от общежития до университета;

3) как вы первый раз побывали в Москве на Красной площади;

4) как вы ездили на экскурсию в другой город;

5) как вы ездили на родину во время зимних каникул.

Задание 9. Объясните, как вы понимаете пословицу: «Незнайка лежит, а знайка далеко **бежит**».

Обратите внимание!

Переходные глаголы движения употребляются так же, как непереходные (см. с. 14—16).

Дети идут в школу и **несут** книги.	Дети ходят в школу и **носят** на урок книги.
Вот едет экскурсионный автобус. Он **везёт** туристов в Суздаль.	Этот учитель **возит** своих учеников на экскурсии в разные города России.
Вот идёт экскурсовод. Он **ведёт** туристов на экскурсию в музей.	Этот учитель **водит** детей на прогулки в парк.

Задание 10. Прочитайте диалоги. Вместо точек поставьте переходные глаголы движения *нести, носить, везти, возить, вести, водить.*

1. — Куда ты едешь и кому ... эти красивые цветы?
   — Я ... цветы маме. У неё сегодня день рождения.

2. — Куда ты идёшь и кому ... эти красивые цветы?
  — Я ... цветы маме. У неё сегодня день рождения.

3. — Куда ты идёшь с дочкой?
  — Я ... её в поликлинику.
  — А что случилось?
  — У неё болит зуб. Я уже ... её к врачу два раза. А сегодня последний визит.

4. — Куда ты ... магнитофон?
  — В университет.
  — Зачем?
  — Я всегда ... его на занятия, чтобы записывать урок, а потом дома повторять новый материал.

5. — Куда вы едете со студентами?
  — Я ... их на экскурсию в Коломенское.
  — Вы часто организуете экскурсии для студентов?
  — Да, я уже ... их в Третьяковскую галерею, в Дом-музей художника В.М. Васнецова, в Музей изобразительных искусств им. А.С. Пушкина.

6. — Откуда ты идёшь с видеомагнитофоном?
  — Я ... его из мастерской, он был в ремонте.

7. — Этим летом вы отдыхали с детьми?
  — Да, мы ... их на море. А вы?
  — А я ... своих детей в горы.

8. — Куда ты ... свою собаку?
  — На прогулку в парк. Я каждый день ... её туда.

9. — Откуда идёт этот поезд?
  — Из Сибири.
  — А что он ... оттуда?
  — Сейчас он ... уголь, а обычно ... нефть.

10. — Куда ты идёшь?
  — Я ... книги в библиотеку, потому что учебный год кончился. Раньше я ... их на все занятия, а теперь они мне уже не нужны.

Задание 11. Используя переходные глаголы движения без приставок, ответьте на вопросы.

О б р а з е ц : — К тебе приехали друзья? Ты им уже показывал Красную площадь?

  — Да, я уже возил их на Красную площадь.

1. Откуда ты идёшь с младшей сестрой?

2. Куда ты идёшь со своей собакой?

3. Куда ты идёшь с такой большой сумкой?

4. Преподаватель уже знакомил вас с Историческим музеем?

5. Откуда ты едешь с этим багажом?

6. Куда направляется преподаватель со студентами?

7. Преподаватели уже организовывали для вас экскурсию в Суздаль?

8. Вы едете с детьми в деревню?

9. Вы уже показывали детям московский зоопарк?

10. Ты всегда берёшь словарь на занятия?

Задание 12. *Используя переходные глаголы движения без приставок, задайте вопросы в предложенных ситуациях. Дайте возможные варианты.*

О б р а з е ц : Вы встретили друга. У него в руках цветы.
— Кому ты несёшь цветы?

1. Вы видите, что ваш друг возвращается из общежития с родителями, которые недавно приехали к нему в Москву.

2. Вы встретили соседа. У него на руках маленькая дочка.

3. Вы встретили друга с собакой.

4. Вы вошли в автобус и увидели своего знакомого с багажом.

5. Вы опоздали на занятия и видите, что преподаватель со студентами возвращается в аудиторию.

6. Ваш друг вернулся из дальней поездки, которую организовал преподаватель.

7. Медицинская сестра со студентами отправляется куда-то на автобусе.

8. Ваш друг берёт на занятия все книги — нужные и ненужные.

9. Вас интересует, приглашал ли ваш друг свою подругу в китайский ресторан.

10. Вы встретили знакомую студентку с чемоданом в руках.

Обратите внимание!

33-й троллейбус **идёт** по Ленинскому проспекту.	33-й троллейбус **ходит** по Ленинскому проспекту.
Самолёт **летит** в Симферополь.	Самолёт **летает** в Симферополь.
Такси **едет** по улице.	Такси **ездит** по городу.
Спортсмен **плывёт** к финишу.	Дети **плавают** в озере.
Птицы **летят** на юг.	Птицы **летают** над озером, ловят рыбу.

Он идёт ...

Он ходит ...

Она идёт ...

Они ходят ...

Задание 13*. Вместо точек вставьте подходящие по смыслу глаголы движения без приставок.

1. Лодка ... вниз по течению. 2. В аквариуме ... золотые рыбки. 3. Дети ... по полю, играют в футбол. 4. Официант уже ... нам наш заказ. 5. В поле ... пчёлы: собирают с цветов нектар. 6. Туристы на автобусе ... по Москве: осматривают её достопримечательности. 7. Смотрите! Экскурсовод ... туристов в музей. 8. Ребёнок плачет, мать ... по комнате и ... его на руках, чтобы он успокоился. 9. Первым к финишу ... спортсмен из нашего университета. 10. В комнате отдыха студенты играют в бильярд: ... по столу шары. 11. Утки ... в пруду. 12. Пастух ... лошадей к водопою. 13. Малыш ... по ковру и играет. 14. Рабочие ... брёвна к реке. 15 Мальчики любят ... по деревьям. 16. Собака ... по двору и ... кур. 17. Смотрите! Вертолёт ... в наш посёлок и ... нам почту и продукты. 18. Экскурсовод ... туристов по музею. 19. Смотрите! Альпинист ... вверх по отвесной скале. 21. Туристы ... в пещеру, чтобы осмотреть её.

Задание 14*. Вместо точек вставьте подходящие по смыслу глаголы движения без приставок.

1. — Какой маршрут у 26-го трамвая?

— Он ... от станции метро «Октябрьская» до станции метро «Университет».

2. — Это 26-й трамвай? Он ... к станции метро «Университет»?

3. — Какой транспорт ... по Ломоносовскому проспекту?

4. Водитель такси спрашивает своего пассажира: «Куда вы хотите ... ?»

5. — Сейчас вы ... в поликлинику? К какому врачу вы ... свою младшую сестру?

6. — Какой вид транспорта вы предпочитаете?

— Я люблю ... на троллейбусе.

7. — Вы ждёте 52-й троллейбус? Смотрите, он уже ... .

8. — Вы часто пользуетесь такси?

— На такси я ... не очень часто.

9. — Кто в вашей семье занимается покупками?

— По магазинам ... моя мама.

К упражнениям, отмеченным *, даны ключи в конце книги.

10. — Ваш брат работает шофёром на грузовом такси? Какие грузы он ... ?

11. — Вы долго ждали друга?

— Не очень, но было холодно, и я ... около метро, чтобы не замёрзнуть.

12. — У вашего соседа есть голубятня? Он любит ... голубей?

13. — Ваш друг спортсмен? Он ... на дельтаплане?

14. — Вы умеете ... верхом (на лошади)?

15. — По какой улице ... 33-й троллейбус?

— По Ленинскому проспекту.

16. — Куда ... этот автобус? Я доеду на нём до станции метро «Профсоюзная»?

17. — Сколько минут ... поезд метро от станции до станции?

Задание 15. Используя глаголы движения без приставок, ответьте на вопросы.

1. На чём вы добираетесь до университета?
2. Куда сейчас направляется этот поезд?
3. Какой маршрут у 49-го троллейбуса?
4. Каким видом транспорта вы обычно пользуетесь?
5. Куда вы спешите с этим багажом?
6. Куда вы направляетесь с младшим братом?
7. Каким видом спорта вы занимаетесь?
8. Какой курс у этого самолёта?
9. Куда следует этот самолёт?
10. Куда идёт учитель со своими учениками?
11. По какой улице курсирует это маршрутное такси?
12. Вы любите гулять по городу?
13. Вы долго осматривали музей?
14. Вы любите делать покупки?

Задание 16. Используя глаголы движения без приставок, скажите, каким видом деятельности занимается:

1) водитель такси; 2) почтальон; 3) альпинист; 4) лётчик; 5) моряк; 6) носильщик; 7) экскурсовод; 8) грузчик; 9) водитель трамвая; 10) официант.

Задание 17. Используя глаголы движения без приставок, скажите, как передвигаются:

1) змеи; 2) рыбы; 3) птицы; 4) крокодилы; 5) обезьяны; 6) лошади; 7) черепахи; 8) ящерицы; 9) дельфины.

Задание 18. Объясните, как вы понимаете:

1) афоризм: «Рождённый **ползать летать** не может» (М. Горький);

2) пословицы: «Учёный **водит**, а неучёный следом **ходит**»; «И птица, высидев да выкормив птенца, его **летать** учит»; «Язык дружину **водит**».

Задание 19. Прочитайте текст. Проанализируйте употребление выделенных глаголов движения. Ответьте на вопросы. Перескажите текст.

ЛОШАДЬ-ПОЧТАЛЬОН

Однажды два мальчика **ехали** на велосипедах в соседнюю деревню. Вдруг впереди они увидели лошадь, которая **бежала** по дороге без человека и **везла** на спине какую-то сумку. Так они **ехали**, а лошадь **бежала** минут сорок. Наконец они приехали в деревню. Лошадь остановилась около второго дома, мальчики тоже остановились и стали наблюдать за лошадью. В это время из дома вышел мужчина, взял сумку и в этот момент увидел, что мальчики с любопытством смотрят на него. Тогда он им рассказал, что эта лошадь очень умная, она хорошо знает дорогу и **бегает** от станции до деревни одна, **возит** жителям деревни почту: газеты, журналы, письма. Жители любят эту лошадь и называют её «наша Умница».

По рассказу С. Баруздина

В о п р о с ы   к   т е к с т у :
1. Куда ехали мальчики?
2. На чём они ехали?
3. Кого они увидели впереди на дороге?
4. Куда бежала лошадь?

5. Что она везла?

6. Сколько времени мальчики ехали до деревни?

7. Куда прибежала лошадь?

8. Куда приехали мальчики?

9. Где остановилась лошадь?

10. Почему остановились мальчики?

11. Кто вышел из дома?

12. Что узнали мальчики?

13. Что возит лошадь?

14. Кому она возит почту? Почему она возит почту одна, без человека? Как называют её жители деревни и почему?

15. Как бы вы назвали этот рассказ?

Задание 20. Прочитайте текст. Проанализируйте употребление выделенных глаголов движения. Ответьте на вопросы. Перескажите текст: а) от лица водителя такси; 2) от лица учительницы; 3) от лица мальчика.

ЛЮБИМАЯ ПРОФЕССИЯ

Я служил в армии и там научился **водить** машину. Сначала мне дали грузовик, а потом легковую машину, на которой я **возил** своего командира.

После службы в армии я стал работать водителем автобуса. Но на нём я **ездил** только три дня, потому что маршрут у автобуса неинтересный: **едешь** пять километров туда и пять километров обратно, сидишь в кабине один, не с кем поговорить. А я люблю **ездить** по разным дорогам, общаться с людьми. И я сменил автобус на такси. Вот тогда я объездил всю Москву, увидел, как **ездят** московские таксисты. Многому у них научился.

Однажды **ехал** я за городом. Вдруг увидел у дороги женщину с мальчиком. Она махала рукой: просила меня остановиться. Я подъехал к ней. Оказывается, она учительница, **ходила** с детьми по лесу, один мальчик **бегал**, упал и теперь не может **идти**. Она просила меня отвезти мальчика в больницу, потому что сама она не могла оставить детей в лесу. Я взял мальчика в машину и отвёз его в больницу. Потом мне звонили родители мальчика и директор школы: они благодарили меня за помощь. Приятно чувствовать себя полезным человеком, нужным людям!

Я люблю свою работу, свой город. Люблю утренние часы, особенно летом: **едешь** по городу, мотор, словно песню поёт, и я пою. Куда-то спешат первые пешеходы, **идут** первые трамваи. На глазах рождается новый день!

В о п р о с ы   к   т е к с т у:

1. Где получил профессию водителя автор рассказа?
2. Какую работу он выполнял в армии?
3. Кем он работал после армии?
4. Почему на автобусе он ездил только три дня?
5. Почему он сменил автобус на такси?
6. Где он однажды ехал?
7. Кто его остановил?
8. Что случилось с мальчиком?
9. О чём попросила учительница водителя такси?
10. Почему учительница не поехала в больницу вместе с мальчиком?
11. Почему водитель такси считает свою профессию нужной, полезной людям?
12. Как водитель такси относится к своей профессии?
13. Как бы вы назвали этот рассказ?
14. Какую профессию выбрали вы и почему?

Задание 21. Прочитайте шутки, проанализируйте употребление глаголов движения. Объясните, в чём заключается юмор каждой шутки, и перескажите их.

1. Один мужчина переходит улицу в неположенном месте и смотрит не на дорогу, а в небо. К нему подходит милиционер и говорит: «Если вы не будете смотреть туда, куда **идёте**, то будете там, куда смотрите».

2. Милиционер поймал опасного преступника. По этому случаю собрали пресс-конференцию. Журналисты спрашивают милиционера:

— Как вам удалось его арестовать? Он же был переодет женщиной? Как вы догадались?

— Да очень просто! Он **шёл** и не остановился ни перед одной витриной!

3. Жена говорит мужу:

— У нас такая умная собака! Каждое утро она **бежит** к почтовому ящику, берёт газеты и **несёт** их в дом.

— Ну и что?! Многие собаки так умеют...

— Но мы не подписывались ни на какие газеты!

4. Женщина говорит своей подруге, которая **ведёт** машину:

— Осторожнее! Ты разве не видишь знак «опасный поворот»?

— Именно поэтому я и хочу **ехать** прямо!

5. Один человек продал слепую лошадь. Через некоторое время к нему прибегает покупатель и кричит:

— Да она же совсем слепая! **Ходит**, на всё натыкается, а на еду даже не смотрит!

— Э, дорогой, она не слепая, она равнодушная!

6. Два друга пьют пиво. Один говорит другому:

— У тебя в кружке **плавает** муха!

— Ничего! Она много не выпьет!

7. На дороге произошла ужасная авария. Водитель и пассажирка лежат без сознания. Вокруг разбитой машины грустно **бродит** обезьянка.

Приехала дорожная полиция. Один полисмен говорит обезьянке:

— Жаль, что ты не умеешь говорить!

Обезьянка кивает головой

— Ты что, понимаешь? — удивляется полисмен.

Обезьянка кивает.

— Можешь помочь восстановить картину аварии?

Опять кивает.

— Что же произошло?

Обезьянка показывает, что пьёт из бутылки.

— Они пили?!

Кивает.

— А ещё?

Обезьянка изображает процесс курения.

— Курили марихуану?!

Кивает.

— А ещё что они делали?

Обезьянка изображает поцелуй.

— Целовались?!

Кивает.

— Ну, а ты-то что делала?

— **Вела** машину, — показывает обезьянка.

8. Маленький мальчик впервые пришёл с бабушкой на кладбище. Долго **ходит**, внимательно изучает надписи на памятниках, потом спрашивает:

— Бабушка, а где же хоронят плохих людей?

9. Два киллера ждут свою жертву напротив его дома.

— Смотри! — говорит один другому. — Вот он! **Идёт** со своей вдовой...

10. При въезде в шотландский городок стоит придорожный щит: «Просим **вести** машину внимательнее! И доктор и гробовщик — оба в отпуске».

11. В новогоднюю ночь трое пьяных **ползут** по рельсам.

— Ну и длинная же лестница, — говорит первый.

— Да и перила низкие, — говорит второй.

Третий оглядывается назад и говорит:

— Ничего, друзья, скоро дома будем. Вон уже лифт **идёт**!

12. Покупатель: «Почему вы взвешиваете худую курицу?»

Продавец: **«Нести** будет легче!»

Покупатель кладёт курицу в сумку и платит деньги.

Продавец: «Вы мне недодали 20 рублей!»

Покупатель: «Считать будет легче!»

13. Муж и жена **идут** по улице. Вдруг жена замечает, что навстречу им **идёт** её подруга в новом красивом платье.

— Дорогой, — говорит жена мужу, — скажи моей подруге, что у неё замечательное платье.

— Зачем? Ты хочешь сделать ей приятное?

— Наоборот! Я вчера сказала ей, что у тебя плохой вкус!

14. Разговаривают два автолюбителя.

— Да, бензин подорожал! Литр бензина сто́ит теперь, как литр молока!

— Да, действительно, дешевле **ездить** на корове!

15. Два полицейских **идут** арестовывать опасного вооружённого преступника в его квартире.

Один другому говорит:

— Ты **иди** первый, а я за тебя отомщу.

16. К врачу пришёл Бернард Шоу и сказал, что у него болит нога.

— Как долго у Вас болит нога? — спросил врач.

— Две недели.

Врач осмотрел ногу и сказал:

— Как же Вы могли две недели **ходить** со сломанной ногой?

— Дело в том, что каждый раз, когда я говорил, что у меня болит нога, моя жена требовала, чтобы я бросил курить.

Задание 22. Прочитайте микротексты, содержащие занимательную информацию, перескажите их и дайте им оценку.

1. В Италии в новогоднюю ночь опасно **ходить** по тротуарам вблизи домов, так как у итальянцев есть обычай в последнюю минуту старого года выбрасывать из окон ненужные вещи.

2. Всё реже современные японцы **ходят** в кинотеатры. Владелец одного кинотеатра придумал оригинальный способ, чтобы привлечь зрителей. Он поставил в зале огромный аквариум, где **плавают** разные рыбы. Теперь зрители могут там не только смотреть фильм, но и ловить рыбу. Надо сказать, что эта выдумка очень понравилась японцам.

3. В Центральной Америке обитают удивительные рыбы, у которых четыре глаза. Называются они анаблепии. Они **плавают** по поверхности воды. Четыре глаза дают им возможность следить за тем, что происходит в воздухе, и одновременно видеть подводный мир.

4. Американский судья Джек Мэй из города Нэнвилла придумал новые наказания для водителей, которые **ездят** по городу, нарушая правила дорожного движения. Виновный должен сам написать свой некролог, посетить морг и посмотреть там на какую-нибудь жертву транспортного происшествия, послушать рассказ о несчастных случаях и, наконец, изложить этот рассказ судье. Говорят, что метод является весьма эффективным.

5. Однажды в городе Майами полицейский, регулировавший дорожное движение, с удивлением увидел, что мимо него **едет** автомобиль, который **ведёт** обезьяна! Полицейский моментально остановил автомобиль. Владелец автомобиля, который сидел рядом с необычным шофёром, пригласил полисмена прокатиться с ним по городу. Обезьяна **вела** машину безупречно, соблюдая все правила движения.

Но несмотря ни на что в штате, где произошёл этот случай, был принят закон, который запрещает обезьянам **водить** автомобили.

6. Птицы меняют перья по-разному: одни это делают постепенно и не теряют способности **летать**, другие **летать** уже не могут.

Но самое интересное происходит с пингвинами. Когда начинается время смены перьев, эти коренные жители Антарктиды сбрасывают все перья сразу, а потом стоят на одном месте почти две недели и ждут, когда тело покроется новыми перьями.

7. Главный символ Британии — знаменитые часы Биг Бэн — находятся в Лондоне на башне Тауэра на стометровой высоте. Надо сказать, что этот символ сильно покрылся грязью из-за многолетнего смога. Специально обученные альпинисты **лазили** на башню, чтобы привести часы в порядок.

8. В 1662 году в Париже стал **ходить** необычный экипаж — конная повозка на восемь пассажиров. За плату в ней можно было **ездить** по определённому маршруту. Повозку назвали «омнибусом», что в переводе с латинского значит — «для всех». В России омнибус появился только через 200 лет и назывался дилижансом.

9. Лев не такой храбрый зверь, как о нём думают. Гиены могут заставить «царя зверей» позорно **бежать**, бросив свою добычу.

Чаще всего львы живут семействами. Живут они дружно. Охотится обычно львица, а лев охраняет территорию и детёнышей. Лев сильный зверь, но **бегает** медленно, поэтому для быстроногих животных он не очень опасен.

10. В Гамильтоне, на Бермудах, в июле 1974 года такси сбило с мопеда и задавило человека. Через год водитель этого же такси, который **вёз** того же пассажира, сбил и задавил брата первой жертвы. К моменту гибели обоим братьям было по 17 лет, и **ехали** они на одном и том же мопеде и по одной и той же улице.

11. Считают, что самый вкусный чай растёт на склонах гор в китайской провинции Фуцзянь. Добраться до этого чуда природы нелегко. И человек для этой цели использует обезьян. Они **лазят** по склонам гор за драгоценными листьями.

Такую работу обезьяны выполняют и в других странах. Например, в Сингапуре есть специальный питомник, где обучают обезьян-верхолазов. Оказывается, обезьяны могут запомнить около трёх десятков слов. Этого достаточно, чтобы командовать обезьяной, которая **лезет** на высокое дерево за его плодами.

12. Среди змей быстрее всех передвигается чёрная мамба, которая обитает в восточной части Африки. На ровной поверхности она может **ползти** со скоростью 20 километров в час.

13. Самый длинный велосипед (около 20 метров) весит 1100 килограммов. На нём могут **ехать** одновременно 35 велосипедистов.

14. Шерил Батерворс из Новой Зеландии 4 марта 1990 года **летела**, стоя на крыле самолёта, более трёх часов.

Глава вторая
ГЛАГОЛЫ ДВИЖЕНИЯ С ПРИСТАВКОЙ ПО-
1-я группа (группа «идти»)

Глаголы несовершенного вида	Глаголы совершенного вида
идти	пойти
ехать	поехать
бежать	побежать
лететь	полететь
плыть	поплыть
лезть	полезть
ползти	поползти
брести	побрести
нести	понести
вести	повести
гнать	погнать
катить	покатить
тащить	потащить

Комментарий

Глаголы движения с приставкой **по-**, образованные от глаголов движения 1-й группы (группа «идти»), становятся глаголами совершенного вида и обозначают н а ч а л о   д в и ж е н и я.

В будущем времени это значение чаще всего реализуется как намерение субъекта отправиться куда-либо: *Завтра мы пойдём в театр.* = *Завтра мы намерены, хотим, собираемся посетить театр.*

Наряду с формой будущего времени (**пойду**) в этом же значении возможно употребление глагола движения без приставки в настоящем времени (**иду**) для выражения значения ближайшего будущего.

В прошедшем времени значение начала движения проявляется в следующих ситуациях: а) при смене действия или состояния на движение:

*Я увидел друга и **пошёл ему навстречу**; б) при смене характера движения: Сначала мы **шли медленно**, а потом **пошли быстрее**, чтобы не опоздать на занятия; в) при смене направления движения: Теплоход принял сигнал SOS и **поплыл на помощь** терпящим бедствие.*

В прошедшем времени эти глаголы также могут указывать на местонахождение субъекта движения в момент речи: *Он **пошёл** к врачу.* = *Он у врача.* Если мы знаем, куда отправился субъект, можно предположить, что он там и находится.

Обратите внимание!

Они сели в машину и **поехали** в аэропорт.

— Почему студентов нет в аудитории? Где они?
— Они **поехали** на экскурсию.

В первом примере глагол движения с приставкой **по-** указывает на н а ч а л о   д в и ж е н и я, во втором — на м е с т о н а х о ж д е н и е субъекта в момент речи.

Задание 1.   Закончите предложения, используя глаголы движения группы «идти» с приставкой **по-**.

1. Я вышел из дома и ... . 2. Мы сели в такси и ... . 3. Фильм кончился, зрители встали и ... . 4. Самолёт изменил направление и ... . 5. Шофёр сел в машину, включил мотор и ... . 6. По городу мы ехали медленно, а потом за городом ... . 7. Прозвенел звонок на перерыв, и студенты ... . 8. Сначала туристы шли прямо, а потом ... . 9. Самолёт поднялся в воздух и ... . 10. Люди услышали взрыв и ... . 11. Он увидел нас и ... . 12. Птица взмахнула крыльями и ... . 13. Раздался гонг, и лошади ... . 14. Раздался гудок, и пароход ... .

Задание 2.   Подберите высказывания, синонимичные данным. Используйте глаголы движения группы «идти» с приставкой **по-**.

О б р а з е ц : Анны нет дома, она на занятиях в университете.
            Анна пошла на занятия в университет.

1. Виктор отсутствует на уроке. Он у врача.

2. Преподавателя нет в аудитории, он звонит по телефону.

3. Саид в библиотеке. Ему нужен словарь.

4. Сейчас перерыв. Студенты обедают в столовой.

5. Врача нет в кабинете, он сейчас не принимает. Он у больного.

6. Моего брата нет в Москве. Он сейчас в Лондоне.

7. Студенты в видеоклассе. Они будут смотреть фильм.

8. Студенты сегодня не учатся. Они в Санкт-Петербурге.

Обратите внимание!

В прошлое воскресенье студенты **ездили** на экскурсию во Владимир.	Сегодня студенты не учатся. Они **поехали** на экскурсию во Владимир.

Бесприставочные глаголы движения группы «ходить» указывают на то, что субъект движения был в каком-то месте, но в момент речи покинул его, а глаголы движения группы «идти» с приставкой **по-** указывают на то, что субъект движения в момент речи находится там, куда направлялся.

Задание 3*.   Ответьте на вопросы, употребляя подходящий по смыслу глагол, данный в скобках.

1. — Где сейчас находится группа экологов?
   — Они (ездили, поехали) на Байкал.

2. — Где вы отдыхали прошлым летом?
   — Мы (ездили, поехали) на Байкал.

3. — Где Мария?
   — Она (ходила, пошла) в магазин.

4. — Где была Мария?
   — Она (ходила, пошла) в магазин.

5. — Я могу поговорить с директором?
   — Подождите, пожалуйста, минут 20, он (ходил, пошёл) обедать.

6. — Можно Виктора к телефону?
   — Его нет, он (ходил, пошёл) в киоск за газетой.

7. — Я давно жду тебя! Где ты был?
   — Я (ходил, пошёл) в поликлинику.

8. — Вы уже (ездили, поехали) в Петербург?

   — Да, во время зимних каникул.

9. Почему Анна не пришла на занятия?

   — Она (ездила, поехала) в Петербург.

10. — Откуда ты идёшь?

   — Из библиотеки, я (ходил, пошёл) сдавать книги.

Обратите внимание!

Завтра мы **пойдём** в большой театр на оперу «Князь Игорь». На чём вы **поедете** на экскурсию: на автобусе или на электричке? Куда вы **поедете** во время зимних каникул?	Когда мы **будем идти** мимо Большого театра, мы посмотрим его репертуар. Когда вы **будете ехать** по Тверской улице, обратите внимание на памятник А.С. Пушкину. Через какие города вы **будете ехать**?

Глаголы движения с приставкой **по-**, образованные от глаголов группы «идти», в будущем времени, как правило, выражают намерение говорящего отправиться куда-либо, а бесприставочные глаголы указывают на движение, которое будет развиваться в одном направлении и на фоне которого совершится или будет совершаться какое-либо действие. Субъект движения будет находиться в пути.

Задание 4. Составьте высказывания в соответствии с предложенной ситуацией. Употребите глаголы движения с приставкой **по-**, образованные от глаголов движения группы «идти».

О б р а з е ц : У вас свободный вечер. Вас пригласили на дискотеку.
Сегодня вечером я пойду на дискотеку.

1. В субботу у вас будут гости. Вам надо купить продукты.

2. К вам приезжают родители. Вам надо встретить их на вокзале.

3. Зимние каникулы вы хотите провести на родине. Вы купили билет на самолёт.

4. Вы плохо себя чувствуете и взяли направление к врачу.

5. В воскресенье вас пригласили в гости.

6. Вы собираетесь на экскурсию в Сергиев Посад. Сообщите, каким видом транспорта вы будете туда добираться.

7. Наступают летние каникулы. Вам предлагают провести отдых на море.

8. Ваши друзья впервые в Москве. Они никогда не видели Красную площадь.

Задание 5. Обратитесь к собеседнику с просьбой сделать для вас что-либо по пути. Употребите глаголы движения без приставок группы «идти» в форме сложного будущего времени.

О б р а з е ц : Купить в киоске газету.

— Когда (если) будешь идти мимо киоска, купи мне, пожалуйста, газету.

1) В кинотеатре купить билеты на вечерний сеанс; 2) на вокзале посмотреть расписание пригородных поездов; 3) в книжном магазине узнать, не появился ли в продаже толковый словарь русского языка; 4) в экскурсионном бюро спросить, когда состоится экскурсия в Суздаль; 5) в аптеке купить лекарство; 6) в мастерской по ремонту радиоаппаратуры узнать расписание её работы; 7) в поликлинике узнать, когда принимает зубной врач; 8) в киоске купить цветы.

Задание 6. Ответьте на вопросы, используя глаголы движения группы «идти» и образованные от них глаголы с приставкой **по-**.

О б р а з е ц : — Куда вы собираетесь в воскресенье?

— В воскресенье я поеду за город.

1. Какие у вас планы на субботу?

2. Где вы собираетесь провести каникулы?

3. Каким транспортом вы отправитесь на родину?

4. Сколько времени вы будете в полёте?

5. Что вы будете делать во время полёта?

6. Над какими странами будет проходить ваш полёт?

7. В Петербург вы отправитесь поездом или автобусом?

8. Сколько времени вы будете в пути?

9. Что вы намерены делать после сдачи экзаменов?

10. Что вы будете делать сегодня после занятий?

Задание 7. Вместо точек вставьте глаголы движения группы «идти» с приставкой **по-** или без приставки в будущем времени.

1. — Что ты собираешься делать в воскресенье?

— Я ... в город Клин, хочу посетить Дом-музей П.И. Чайковского.

— А как ты туда ... ? На электричке?

— На экскурсионном автобусе с группой.

— А я там уже был. Прекрасная экскурсия! Когда ты ... по Ленинградскому проспекту, обрати внимание на дорожный дворец русских царей. Он очень красивый!

2. — Во время зимних каникул ты останешься в Москве или ... на экскурсию в какой-нибудь город?

— Нет, я ... на родину в Сеул. Я уже оформил визу и купил билет на самолёт.

— А сколько времени ты ... от Москвы до Сеула?

— 6 часов.

— О! Как долго!

— Вовсе нет! Когда я ... , я буду отдыхать.

3. — Когда вы ... в Петербург?

— Через месяц.

— Вы ... поездом или ... самолётом?

— Я ... поездом.

— Сколько времени вы ... на поезде?

— Я думаю, часов 8—9. Поезд отправляется поздно вечером, так что когда я ... в поезде, я буду спать.

4. — Какие у тебя планы на завтра?

— Ко мне приезжают друзья, которые хотят поступить в университет, но не знают русского языка, поэтому я ... их в университет и буду их переводчиком.

5. — Завтра соревнования по бегу на первенство университета. Я принимаю в них участие и поэтому очень волнуюсь!

— Не волнуйся! Ты хорошо подготовился! Только когда ... , следи за своим дыханием, и всё будет хорошо!

6. — Что ты будешь делать в праздничные дни? Останешься дома, ... в гости или ... на какую-нибудь экскурсию?

— ... в гости к русским друзьям. А ты?

— А я ... в Ялту, а потом из Ялты ... на теплоходе в Одессу.

— Отличный отдых! А ты не опоздаешь на занятия?

— Надеюсь, что не опоздаю!

7. — Завтра соревнования по плаванию. Ты будешь принимать в них участие?

— Да, обязательно. А ты придёшь в бассейн болеть за меня?

— Конечно! Когда ты ... , не только я, но и вся наша группа будет болеть за тебя!

— Спасибо, друг!

8. — Куда вы ... летом во время отпуска?

— ... по Волге на теплоходе.

— Это прекрасное путешествие! Когда вы ... по Волге, увидите много русских городов, узнаете много интересного.

Обратите внимание!

Туристы **шли** уже 2 часа без отдыха.	Туристы отдохнули и **пошли** дальше. Выехав за город, велосипедисты **поехали** быстрее. Началась гроза, поэтому самолёт изменил направление и **полетел** к ближайшему аэродрому.

Глаголы движения группы «идти» употребляются для обозначения движения в его развитии в одном направлении и, следовательно, указывают на то, что субъект движения находился в пути.

Глаголы движения этой группы с приставкой **по-** употребляются для обозначения движения при смене: 1) действия на движение; 2) характера движения; 3) направления движения.

Задание 8. Закончите предложения, используя глаголы движения группы «идти» с приставкой **по-** или без приставки.

1. Зажёгся зелёный свет светофора, и машины ... . 2. Я встретил своих друзей, когда они ... . 3. Птицы поднялись и ... . 4. Вик-

тор перешёл Университетский проспект и … . 5. Туристы вышли из леса и … . 6. Всё медленнее и медленнее поезд … . 7. Мы попрощались, а я стоял у окна и смотрел, как она … . 8. В августе я побывал на Байкале, а оттуда … . 9. Он вышел из метро и … .

Задание 9*. В предложения, данные к рисункам, вместо точек вставьте подходящие по смыслу глаголы движения группы «идти» с приставкой **по-** или без приставки.

1. Кошка увидела мышку и … за ней, а мышка увидела кошку и … от неё.

2. Белка села в зонтик и … на другой берег.

3. По берегу … курица с цыплятами и утка с утятами. Они подошли к реке. Курица и её цыплята встали на спины уток, и утки … их на другой берег.

4. Был дождливый день. Одна девочка … домой. Вдруг подул сильный ветер, и зонтик … , а девочка … за ним.

5. Зайчик сидел на краю обрыва. Вдруг он услышал, что кто-то зовёт его. Он посмотрел вниз и увидел других зайчиков, которые приглашали его на обед. Но как спуститься вниз с обрыва?! Тогда зайчик взял большой гриб, прыгнул с обрыва и ... вниз.

6. Ёжик упал с дерева на яблоки спиной, собрал все яблоки и ... их домой.

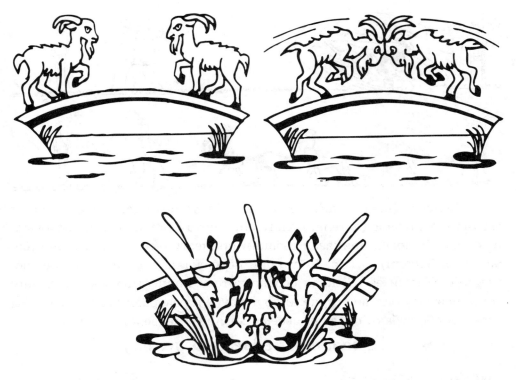

7. По узкому мостику через реку навстречу друг другу ... два козла. Но ни один из них не хотел уступить дорогу другому. Поэтому всё кончилось тем, что они оба упали в воду.

На сердитых воду возят.

Задание 10*. Прочитайте тексты, выбирая подходящие по смыслу глаголы движения, данные в скобках. Перескажите текст.

1. Человек (шёл, пошёл) по парку. Вдруг подул сильный ветер, и его шляпа сначала (летела, полетела), а потом (катилась, покатилась) по земле. Человек приказал собакам принести ему шляпу, и они (бежали, побежали) за ней. Когда они подбежали к шляпе, то одновременно схватили её. Каждая собака хотела принести хозяину шляпу сама, поэтому они не уступали друг другу и разорвали шляпу. Таким образом обе собаки оказали своему хозяину медвежью услугу.

Оказать медвежью услугу.

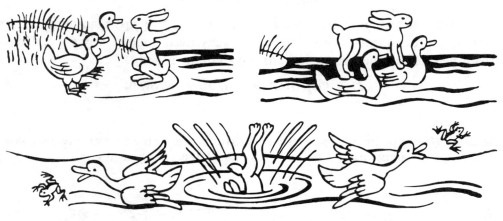

2. Заяц попросил уток перевезти его на другой берег. Утки согласились. Заяц сел на их спины, и утки (плыли, поплыли). Когда они (плыли, поплыли) уже на середине реки, увидели лягушек и

(плыли, поплыли) в разные стороны за лягушками. А заяц упал в воду и чуть не утонул!

На Бога надейся, а сам не плошай.

3. По лесу (шла, пошла) ежиха, (несла, понесла) узелок с вещами и (вела, повела) ежонка домой. (Шли, пошли) они долго, ежонок устал и заплакал. Мама пожалела его: сделала качели, посадила его на качели и (несла, понесла) дальше.

Материнское сердце — не камень!

4. Голодная собака бегала по двору. Вдруг она увидела на окне жареную курицу. А под окном лежали дрова. Тогда собака по дровам (лезла, полезла) к окну за курицей. (Лезла, полезла) она долго, но когда была уже близка к цели, дрова (катились, покатились), и собака осталась ни с чем!

На чужой каравай рот не разевай!

5. В парке на скамейке сидела бабушка, она вязала чулок и заснула. Клубок ниток упал на землю. Котёнок стал играть с ним, и клубок (катился, покатился) с горки, а котёнок (бежал, побежал) за ним. Клубок всё (катился, покатился), а котёнок всё (бежал, побежал) за ним. Наконец все нитки размотались, и клубок исчез.

Сколько верёвочка ни вейся, конец будет.

6. По берегу моря (ползли, поползли) черепахи. Медведь увидел их и (бежал, побежал) за ними. Тогда черепахи встали, обнялись и (катились, покатились) по берегу к морю, а медведь (бежал, побежал) за ними. Черепахи упали в воду и так спасли себе жизнь.

Один ум хорошо, а два лучше!

Задание 11. Объясните, как вы понимаете пословицу: «Учись доброму, так худое на ум не **пойдёт!**»

Задание 12. Прочитайте данные предложения и скажите, где находится субъект движения в момент речи.

О б р а з е ц : Саша едет в университет.
— Где сейчас Саша?
— Сейчас Саша в автобусе (в метро, в трамвае).

1. Мальчик идёт в школу. 2. Виктор ходил в магазин. 3. Антон пошёл на стадион. 4. Завтра Анна пойдёт в театр. 5. Николай поехал в поликлинику. 6. Учитель водил школьников в Исторический музей. 7. Во время летних каникул мой друг ездил в Великий Новгород. 8. На следующей неделе моя подруга полетит на родину. 9. Отец повёл детей в зоопарк. 10. Туристы едут в Суздаль. 11. Летом родители повезут детей на море. 12. Учитель ведёт школьников на выставку.

ГЛАГОЛЫ ДВИЖЕНИЯ С ПРИСТАВКОЙ ПО-

2-я группа (группа «ходить»)

Глаголы несовершенного вида	Глаголы совершенного вида
ходить	походить
ездить	поездить
бегать	побегать
летать	полетать
плавать	поплавать
лазить	полазить
ползать	поползать
водить	поводить
бродить	побродить
носить	поносить
возить	повозить
гонять	погонять
катать	покатать
таскать	потаскать

Комментарий.

Глаголы движения 2-й группы (группа «ходить»), получая приставку **по-**, становятся глаголами совершенного вида и сохраняют своё значение (движение в двух или более направлениях), приставка **по-** придаёт дополнительный смысл — указывает на о г р а н и ч е н н о с т ь д л и т е л ь н о с т и д в и ж е н и я .

Задание 13. Вставьте в предложения вместо точек глаголы движения группы «ходить» с приставкой **по-**.

1. Мальчик немного ... в реке, но вода была холодная, и он быстро замёрз. 2. Он вышел из воды и немного ... по берегу, чтобы согреться. 3. Вертолёт некоторое время ... над тайгой в поисках пропавших геологов. 4. Малыш немного ... по манежу, устал и заснул. 5. Отец ... некоторое время маленького сына на мотоцикле по двору. 6. Я хочу ... своих учеников на разные выставки, чтобы познакомить их с разными школами живописи. 7. Летом мы отправимся на Кавказ, хотим вдоволь ... по горам. 8. Во время каникул я хочу ... по разным городам России.

Обратите внимание!

Мы сели в такси, и шофёр **повёз** нас на вокзал.	Мы попросили шофёра такси **повозить** нас по разным улицам Москвы, чтобы лучше узнать город.

Глаголы движения с приставкой **по-**, образованные от глаголов группы «идти», указывают на н а ч а л о д в и ж е н и я, а глаголы с приставкой **по-**, образованные от глаголов группы «ходить», — н а д в и ж е н и е в д в у х и л и б о л е е н а п р а в л е н и я х, ограниченное во времени.

Задание 14. Вставьте в предложения вместо точек глаголы движения с приставкой **по-** группы «идти» или группы «ходить».

1. Перед началом соревнований спортсмены некоторое время ... в бассейне. 2. Раздался выстрел, и пловцы ... к финишу. 3. Экскурсовод ... туристов по залам музея, а потом предложил им посмотреть фильм. 4. Туристы вышли из автобуса, и экскурсовод ... их в музей. 5. Мой друг любит путешествовать. Он достаточно ... по разным странам мира. 6. Чтобы спасти кошку, мальчик ... на крышу горящего дома. 7. Почтальон взял на почте газеты и журналы и ... их читателям. 8. Я немало ... по книжным магазинам, пока не купил эту редкую книгу. 9. Мать немного ... по комнате и ... ребёнка на руках, чтобы он успокоился. 10. Он был лётчиком и немало ... за свою жизнь.

Задание 15. Прочитайте текст. Проанализируйте употребление выделенных глаголов движения. Ответьте на вопросы. Перескажите текст от лица мальчика-пастуха.

КАК ВОЛКИ УЧАТ СВОИХ ДЕТЕЙ

Я **шёл** по дороге и услышал сзади себя крик. Это кричал мальчик-пастух. Он **бежал** по полю и на кого-то показывал. Я увидел, что по полю **бегут** два волка — один взрослый, другой молодой. Молодой волк **нёс** на спине убитого ягнёнка. Взрослый волк **бежал** позади.

Когда я увидел волков, то вместе с мальчиком **побежал** за ними, и мы стали кричать. На наш крик прибежали крестьяне с собаками.

Как только старый волк увидел собак и людей, он подбежал к молодому волку, схватил у него ягнёнка. Оба они **побежали** к лесу и быстро скрылись из глаз.

Тогда мальчик стал рассказывать, как всё происходило: из оврага выбежал большой волк, схватил ягнёнка, зарезал его и **понёс**. Навстречу ему выбежал волчонок и бросился к ягнёнку. Старый волк отдал **нести** ягнёнка молодому волку, а сам налегке **побежал** рядом.

Только когда появилась опасность, старый волк прекратил учение и сам **понёс** ягнёнка.

По рассказу Л. Толстого

В о п р о с ы   к   т е к с т у:

1. Какую картину увидел автор рассказа, когда услышал крик мальчика-пастуха?

2. Что сделал автор рассказа, когда увидел волков с зарезанным ягнёнком?

3. Что сделал старый волк, когда увидел людей с собаками? Почему он так поступил?

4. Что рассказал мальчик? Как начиналось обучение молодого волка?

Задание 16. Прочитайте текст. Проанализируйте употребление выделенных глаголов движения. Разыграйте текст по ролям на тему: «Интервью Валерия журналистам разных газет». Перескажите текст.

СЛУЧАЙ В ОКЕАНЕ

Теплоход «Академик Павлов» **плыл** в Индийском океане. Дул сильный ветер, и судно качалось. Один матрос, которого звали Валерий, упал и почувствовал себя плохо. Он **пошёл** к врачу, который дал ему лекарство и посоветовал полежать. Было время обеда, и все моряки ушли в столовую. Но у Валерия болела голова, он не хотел есть и поэтому **пошёл** на палубу подышать свежим воздухом. В это время ветер усилился, огромная волна обрушилась на палубу и унесла матроса в море.

Теплоход был ещё близко, и матрос **поплыл** за ним. Через некоторое время он увидел огромных рыб, которые **плавали** вокруг него. Это были акулы. Он знал, что акулы — животные осторожные. Они не нападают на человека, если он **плывёт** медленно и спокойно, не делает резких движений. Теперь главным было сохранить силы, продержаться на воде до возвращения теплохода.

Когда на судне узнали, что Валерий упал в море, теплоход немедленно **поплыл** обратно, а в эфир был послан сигнал SOS. И ещё 12 судов под флагами разных стран **поплыли** туда, где человек ждал помощи.

Через четыре часа с теплохода «Академик Павлов» увидели матроса в море, вокруг которого **плавали** акулы. Его подняли на борт. Он был спасён.

Это уникальный случай, когда человек четыре часа **плыл** в бушующем море в кольце акул. В тяжёлой и опасной ситуации моряк вёл себя мужественно, поэтому он вышел победителем из этого страшного поединка.

Глава третья

ГЛАГОЛЫ ДВИЖЕНИЯ С ПРИСТАВКАМИ

Глаголы совершенного вида	Глаголы несовершенного вида
прийти	приходить
выехать	выезжать
подбежать	подбегать
улететь	улетать
переплыть	переплывать
залезть	залезать
переползти	переползать
разнести	разносить
довезти	довозить
ввести	вводить
отогнать	отгонять
выкатить	выкатывать
втащить	втаскивать

Комментарий.

Получая приставки, глаголы движения группы «идти» становятся глаголами с о в е р ш е н н о г о в и д а, а глаголы движения группы «ходить» — глаголами н е с о в е р ш е н н о г о в и д а.

Глаголы движения совершенного вида с приставками **при-, за-, под-, в-, про-, пере-, до-, раз-** в прошедшем времени могут указывать на то, что субъект движения в момент речи находится в месте, обозначенном в предложении: *Антон **пришёл** в институт.* = *Антон в институте*, а глаголы несовершенного вида указывают на то, что субъект движения был в каком-либо месте, но в момент речи покинул его: *Антон **приходил** в институт.* = *Антон был в институте, но сейчас находится в другом месте.*

Глаголы движения совершенного вида с приставками **у-**, **вы-**, **от-** могут указывать на отсутствие субъекта в каком-либо месте в момент речи: *Борис уехал из Москвы.* = *Бориса нет в Москве*, а глаголы несовершенного вида могут указывать на то, что субъект отсутствовал в каком-либо месте, но в момент речи вернулся: *Борис уезжал из Москвы.* = *Бориса не было в Москве, но теперь он в Москве.*

Глаголы движения с приставками так же, как и другие глаголы несовершенного вида, могут обозначать процесс: *Поезд медленно подходил к станции* и многократность движения: *Он время от времени подходил к окну, смотрел, не приехали ли гости.*

П р и м е ч а н и е .

При образовании глаголов несовершенного вида от глаголов **ездить**, **плавать**, **лазить** меняется основа: **приезжать**, **приплывать**, **залезать**.

Задание 1. Используя глаголы движения с приставками **при-**, **в-**, **у-**, **вы-** подберите к данным высказываниям близкие по смыслу.

О б р а з е ц : Сейчас у меня живёт старшая сестра.

Ко мне приехала старшая сестра.

1. В прошлом году в Москве выступали итальянские певцы. 2. Артисты Большого театра сейчас находятся в Англии на гастролях. 3. Мой брат режиссёр. Сейчас он работает на кинофестивале в Сочи. 4. Месяц назад Виктор был на Байкале, изучал там экологическую обстановку. 5. Зимние каникулы я провёл на родине в Китае. 6. После каникул студенты вернулись в Москву и приступили к занятиям. 7. Кончился перерыв, и студенты заняли свои места в аудитории. 8. Во время занятий преподаватель на некоторое время оставлял студентов одних: ему срочно нужно было позвонить. 9. Сегодня студенты не учатся: они на экскурсии. 10. Вчера у нас на занятиях молодые преподаватели проходили практику. 11. Ли окончил факультет журналистики Московского университета и теперь работает на родине. 12. Сегодня на стадионе в Лужниках много болельщиков из разных городов, так как проходит футбольный матч на первенство России. 13. Мой друг артист. Сейчас в

Африке он снимается в приключенческом фильме. 14. Летом мы отдыхали на Чёрном море.

Задание 2*. Прочитайте предложения, выбирая глагол нужного вида из данных в скобках глаголов.

1. Я (приезжал, приехал) в Москву месяц назад и сейчас изучаю русский язык. 2. Во время зимних каникул ко мне (приезжали, приехали) родители. Сейчас они уже вернулись на родину. 3. Когда он (уходил, ушёл) на занятия в университет, он забыл выключить свет. 4. Фильм мне не понравился, и я (уходил, ушёл) с середины сеанса. 5. На каждой станции метро туристы (выходили, вышли) из вагона и осматривали её. 6. Мы (проходили, прошли) мимо главного здания МГУ и повернули налево. 7. Когда я (уезжал, уехал) на родину, меня провожали друзья. 8. Когда после занятий студенты (расходились, разошлись) по домам, уборщица убрала и проветрила все аудитории. 9. Каждый раз, когда после занятий студенты (расходились, разошлись) по домам, уборщица убирала и проветривала все аудитории. 10. Во время занятий к нам (заходил, зашёл) за мелом студент из соседней аудитории. 11. Утром меня не было дома: я (уходил, ушёл) в банк. 12. Сейчас редактора газеты нет в Москве: он (уезжал, уехал) на конференцию в Токио.

Значения приставок в глаголах движения

При-: прибыть, явиться куда-либо.
*Я **приехал** в Москву месяц назад.*

За-: а) отклонившись от основного пути, прибыть, явиться куда-либо на короткое время.
*По дороге домой я **зашёл** в библиотеку за учебником.*
б) попасть куда-либо далеко, за какой-нибудь предел.
*Мяч **залетел** на крышу дома.*

Под- (подо-): приблизиться к кому-либо или чему-либо.
*Он **подошёл** к доске объявлений, чтобы посмотреть расписание занятий.*

В-:	двигаться внутрь с небольшого расстояния, пересекать границу между двумя пространствами.

*Автобус остановился, и пассажиры **вошли**. Машина **въехала** в город.*

Про-:	а) миновать, оставить позади.

*Он увлёкся чтением и **проехал** свою остановку.*

б) войти и продвинуться дальше по какой-либо территории или продвинуться по какой-либо территории, а потом войти.

*Туристы осмотрели один зал музея и **прошли** в другой.*

*Началась посадка на поезд, и пассажиры из зала ожидания **прошли** на перрон.*

в) совершить линейное движение.

*Мы **прошли** всю улицу и, наконец, увидели гостиницу.*

г) продвинуться по какой-либо территории к какой-либо цели.

*Мы **прошли** к метро через парк.*

д) преодолеть какое-либо расстояние.

*Путешественники **прошли** 15 километров без отдыха.*

Пере-:	а) переместиться с одной стороны чего-либо на другую сторону чего-либо, имеющего линейную форму.

*Он **перешёл** улицу. Дети **переплыли** реку.*

б) переместиться, поменять место пребывания.

*Студенты **переехали** в новое общежитие.*

Вы-:	а) двигаться изнутри наружу.

*Он **вышел** из дома рано утром.*

б) покинув предел чего-либо, пересечь границу между двумя пространствами.

*Машина **выехала** за город.*

в) обозначить точку отправления.

*Самолёт **вылетел** из Москвы в 12 часов.*

От- (ото-):	а) удалиться от кого-либо или чего-либо на небольшое расстояние.

*Он **отошёл** от края платформы, так как с большой скоростью приближался поезд.*

б) с переходными глаголами — отправить кого-либо или что-либо и оставить там.

*Он **отвёз** телевизор в ремонт.*

До-:   достигнуть какого-либо предела.

*Туристы **дошли** до леса и остановились на привал.*

О- (об-, обо-):   а) двигаться вокруг.

*Туристы **обошли** озеро. Туристы **обошли** вокруг озера.*

б) побывать во многих местах.

*Он **объехал** полмира.*

С-:   а) спуститься.

*Лыжник **съехал** с горы.*

б) с возвратными глаголами — встретиться, собраться в одном месте.

*Они **сошлись**, и дуэль началась.*

Вз- (взо-):   подняться наверх.

*Туристы **взошли** на гору, когда уже стало темнеть. Солнце **взошло**.*

Раз- (разо-):   с возвратными глаголами — уйти в разные стороны.

*Занятия закончились, и студенты **разошлись**.*

Комментарий

Глаголы движения с приставкой **под- (подо-)** требуют после себя существительного в дательном падеже с предлогом **к** (*подойти к кому? к чему?*).

Глаголы с приставкой **от- (ото-)** в значении «удалиться от кого-либо или чего-либо на небольшое расстояние» — существительного в родительном падеже с предлогом **от** (*отойти от кого? от чего?*).

Глаголы с приставкой **про-** в значении «продвинуться по какой-либо территории к какой-либо цели» — существительного в винительном падеже с предлогом **через** (*пройти через что?*).

Глаголы с приставкой **до-** — существительного в родительном падеже с предлогом **до** (*доехать до кого? до чего?*).

Схема значений приставок в глаголах движения

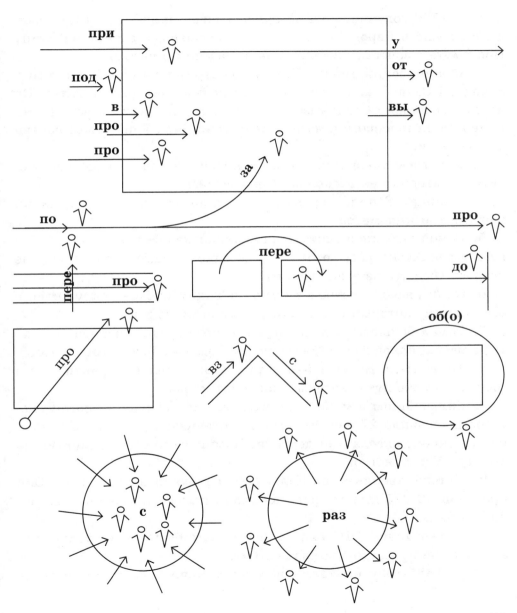

Задание 3.   Прочитайте предложения. Объясните значение глаголов движения с приставками.

1. В 1750 году английский купец Гонвей **привёз** из Китая невиданный ещё в Европе зонтик. Когда он впервые **вышел** на улицу Портсмута с зонтом, жители начали над ним смеяться.

2. Французский геолог Жан Клод Арман рассказывал, что в Западной Сахаре живёт человек, который вырос среди газелей. Он часто появлялся в стаде газелей и бегал так же быстро, как и они. А иногда он **подходил** к лагерю геологов и с любопытством наблюдал за ними.

3. Учёные установили, что остров Сицилия за четыре года **отошёл** от материка на несколько сантиметров.

4. Француз Генриз **перешёл** через пропасть по канату длиной почти в три километра.

5. Самой надёжной считается американская федеральная тюрьма на острове Алькатрос, потому что ни одному заключённому ещё не удалось **убежать** из этой тюрьмы.

6. Один рыбак с островов Самоа в Тихом океане подружился с осьминогом, который сам **выносил** ему рыбу из моря.

7. Самая большая модель человеческого сердца (размером в четыре метра) находится в Музее науки в американском городе Портленд. Посетители могут **войти** внутрь этого сердца и **пройти** по его сосудам тот же путь, который **проходит** кровь.

8. Сильнейшим в мире было извержение вулкана Кракатау, которое произошло 27 августа 1883 года. Морская волна, вызванная извержением, **снесла** 163 деревни. Камни из кратера **взлетали** на высоту 55 километров.

9. Путешественники из Калькутты **объехали** вокруг света. Они **проехали** 40 075 километров, побывали на шести континентах и в 25 странах.

10. В середине XVII века улицы в Гааге были такие узкие, что экипажи не всегда могли **разъехаться**.

11. В 1885 году в Италии в Альпах **сошла** огромная снежная лавина.

12. Денис Мартц установил рекорд в беге. 26 июня 1978 года он **взбежал** на сотый этаж гостиницы в Детройте за 11 минут 23 секунды.

Обратите внимание!

Студенты **пришли** на вечер, посвящённый началу учебного года.	Декан **подошёл** к микрофону и поздравил студентов с началом учебного года.

Глаголы движения с приставкой **при-** имеют значение «явиться, прибыть куда-либо», если субъект движения находится з а п р е д е л а м и в и д и м о с т и, а глаголы движения с приставкой **под-** имеют значение «приблизиться к кому-либо или чему-либо», если субъект находится в п р е д е л а х в и д и м о с т и.

Задание 4.   Вместо точек вставьте подходящий по смыслу глагол движения с приставкой **при-** или **под-**.

1. Я вызвал врача на дом, и он ... очень быстро. 2. В трамвае ко мне ... контролёр и проверил мой билет. 3. На улице одному человеку стало плохо, я ... к нему и спросил, чем ему помочь. 4. На улице ко мне ... прохожий и спросил, как проехать к университету. 5. Антон ... на экзамен первым, ... к столу преподавателя, взял билет и стал готовиться к ответу. 6. В зоопарке животные не боятся людей, они ... к ним и берут из их рук пищу. 7. К нам в аудиторию ... студент из соседней аудитории за мелом. 8. Преподаватель ... к доске и написал тему урока. 9. К Анне я ... только вечером, потому что в этот день у меня было много занятий. 10. По радио объявили, что поезд Москва—Петербург ... на второй путь. 11. Паром ... к берегу, и началась посадка. 12. Мы увидели рекламу нового фильма и ... ближе, чтобы лучше рассмотреть её. 13. Пианист вышел на сцену, ... к роялю, сел и начал играть. 14. Студент ... к карте и показал, где находится его родной город.

Задание 5.   Закончите предложения, употребляя глаголы движения с приставкой **при-** или **под-**.

1. На доске объявлений повесили расписание экзаменов, и студенты ... . 2. В кафе я увидел свободный столик и ... . 3. Я уже считаю себя москвичом, в Москву я ... . 4. Поезд Москва—Сочи

опоздал, он ... . 5. Я заболел, и ко мне в больницу ... . 6. Я не знал, как доехать до аэропорта, увидел милиционера и ... . 7. На прилавке разложены газеты и журналы, и мы ... . 8. Ко мне в 8 часов гости ... . 9. В ресторане мы позвали официанта, и он ... .

Задание 6. Объясните, как вы понимаете пословицы: «К большому терпенью **придёт** уменье»; «Когда **придёт** беда, купишь ума».

Обратите внимание!

По радио объявили, что поезд Москва—Вологда **пришёл** на пятый путь.	По радио сообщили, что поезд Москва—Вологда отправляется, и пассажиры **вошли** в вагоны.

Глаголы движения с приставкой **в-** в отличие от глаголов движения с приставкой **при-** указывают на пересечение субъектом границы между какими-либо пространствами при условии, что субъект находился вблизи этой границы.

Задание 7. Вместо точек вставьте по смыслу глаголы движения с приставкой **при-** или **в-**.

1. Пассажиры поднялись по трапу и ... в самолёт. 2. Мы ... в аэропорт очень рано, потому что боялись опоздать на свой рейс. 3. Двери лифта открылись, и мы ... . 4. Прозвенел звонок на урок, и студенты ... в аудиторию. 5. Птицы уже ... . Они всегда возвращаются из тёплых стран весной. 6. В открытое окно ... воробей. 7. Все номера в гостинице заняты, потому что ... много туристов из разных стран. 8. Магазин открыли после перерыва на обед, и покупатели ... в торговый зал. 9. В Одессу ... корабли из разных стран. 10. В порт, медленно разворачиваясь, ... большой океанский теплоход.

Обратите внимание!

Пассажиры **вошли** в автобус.	Подошёл поезд, и пассажиры из зала ожидания **прошли** на перрон.

Глаголы движения с приставкой **про-** в отличие от глаголов с приставкой **в-** обозначают пересечение границы между двумя пространствами и дальнейшее продвижение субъекта.

Задание 8. Употребляя глаголы движения с приставкой **в-** или **про-**, ответьте на данные вопросы.

О б р а з е ц : Как вы попросите у преподавателя разрешение приступить к занятиям, если вы опоздали? Что скажет вам преподаватель?

— Можно мне войти?

— Проходите, пожалуйста, и садитесь на своё место.

1. Что вы говорите, если стучат в дверь?

2. Что вы говорите другу, который пришёл к вам в гости?

3. Что говорит стюардесса, приглашая пассажиров занять свои места в салоне самолёта?

4. Как медицинская сестра приглашает пациентов в кабинет врача?

5. Как вы пригашаете почтальона, который принёс вам телеграмму?

6. Как экскурсовод приглашает туристов в следующий зал музея?

7. Что говорит проводник пассажирам, стоящим на перроне, если до отправления поезда остаются одна-две минуты?

8. Как метрдотель приглашает посетителей в ресторан?

Обратите внимание!

Врач закончил приём и **уехал** домой.	Врач **вышел** за лекарством. Он скоро вернётся.

Глаголы движения с приставкой **у-** указывают на то, что субъект оставил какое-либо место на неопределённо длительный срок или навсегда, а глаголы с приставкой **вы-** указывают на то, что субъект покинул какое-либо место на незначительное время, находится недалеко и скоро вернётся. Такое же значение могут иметь глаголы движения с приставкой **от-** и **по-**. (С р а в н и т е: 1. *Продавец закончил работу и ушёл. Продавец отошёл. Подождите его, пожалуйста.* 2. *Студенты окончили университет и уехали на родину. Во время каникул студенты поехали на родину*).

Задание 9. Употребляя глаголы движения с приставкой **у-** или **вы-**, ответьте на данные вопросы.

1. К телефону просят вашу сестру, но она в это время занимается в библиотеке. Что вы скажете звонящему?

2. Вы пришли к директору школы. Он в это время обедает в столовой. Что вам скажет его секретарша?

3. Студент пришёл в университет, но плохо себя почувствовал и не смог остаться на занятиях. Что вы скажете преподавателю, если он спросит, почему отсутствует этот студент?

4. В аудитории нет мела. Дежурный студент решил принести мел. Что вы скажете преподавателю, если он спросит, почему отсутствует один студент?

5. Что скажут в справочном бюро на вокзале пассажиру, который опоздал на поезд?

6. К вашему соседу по общежитию пришёл друг. Что вы ему скажете, если в данный момент ваш сосед на первом этаже общежития звонит по телефону?

7. Наступили летние каникулы, и общежитие опустело. Что вы ответите на вопрос, где все студенты?

8. Ваш друг курит в коридоре. Что вы ответите на вопрос, где он сейчас?

Задание 10. Объясните, как вы понимаете пословицу: «От знаний **уйдёшь**, в хвосте **пойдёшь**».

Обратите внимание!

По радио сообщили: только что с третьего пути **ушёл** электропоезд Москва—Александров.	По радио объявили: «**Отойдите** от края платформы, приближается электропоезд Александров—Москва».

Глаголы движения с приставкой **у-** указывают на отсутствие субъекта, а глаголы движения с приставкой **от-** обозначают, что субъект удалился от кого-либо или от чего-либо на незначительное расстояние и находится в пределах видимости.

Задание 11. Употребляя глаголы движения с приставкой **у-** или **от-**, ответьте на данные вопросы.

1. Один человек фотографирует своих друзей. Вы ему мешаете. О чём он вас попросит?

2. Вы плохо себя почувствовали и не можете больше оставаться на занятиях. О чём вы спросите преподавателя?

3. Ребёнок стоит на берегу реки у самой воды. Вы опасаетесь, что он может упасть в реку. Что вы ему скажете?

4. Рабочие покрасили дверь. Краска ещё не высохла. А ваш друг стоит у этой двери. Что вы ему скажете?

5. Вы находитесь в гостях у друзей, но не можете больше оставаться у них, потому что вам должны звонить родители. Что вы скажете своим друзьям?

6. В зоопарке ребёнок близко подошёл к клетке с тигром. Что вы ему скажете?

7. Вы хотите поговорить с деканом факультета. А он закончил свою работу, и его нет в кабинете. Что вам скажет его секретарша?

8. Вы стоите у открытого окна. Вам стало холодно. Что вы сделаете?

Обратите внимание!

Утром мать **отвела** дочку в детский сад, а сама пошла на работу.	Вечером мать **привела** дочку домой.

Переходные глаголы движения с приставкой **при-** имеют значение «прибыть в какое-либо место с кем-либо или чем-либо», а глаголы движения с приставкой **от-** имеют значение «отправить кого-либо или что-либо в какое-либо место и оставить там».

Задание 12*. Вместо точек вставьте подходящие по смыслу переходные глаголы движения с приставкой **при-** или **от-**.

1. До отправления поезда остаётся ещё пять часов, поэтому я ... свой багаж в камеру хранения. 2. Скоро начнётся посадка на поезд, поэтому я ... багаж из камеры хранения. 3. Занятия кончи-

лись. Книги студентам больше не нужны, и они ... их в библиотеку. 4. Мои часы остановились, и я ... их в ремонт. 5. Журналист написал статью и ... её в редакцию. 6. Сосед ... мне книгу, которую я давал ему почитать. 7. Преподаватель попросил студентов ... на занятия открытки с видом их родного города. 8. После занятий преподаватель попросил дежурного студента ... магнитофон в фонотеку.

Задание 13. Употребляя переходные глаголы движения с приставкой **при-** или **от-**, составьте предложения, близкие по смыслу данным.

О б р а з е ц: Официант подал нам мороженое и кофе.
Официант принёс нам мороженое и кофе.

1. Отец проводил своего сына в школу, а сам отправился по делам.

2. На экскурсию Нина пришла с подругой.

3. Антон заболел, и его положили в больницу.

4. Я не стираю бельё сама, а отдаю его в прачечную.

5. В зоопарк мой друг пришёл со своим маленьким сыном.

6. На время летних каникул мы оставили своих детей в деревне у бабушки, потому что делали ремонт.

7. Студент взял с собой на урок фотографии своей семьи, чтобы показать их преподавателю.

8. Я прочитал повесть А.С. Пушкина «Метель» и вернул книгу в библиотеку.

Обратите внимание!

До реки туристы **шли** два часа.	Весь путь до реки туристы **прошли** за два часа.

Глаголы движения с приставкой **про-** (совершенного вида) указывают на п р е о д о л е н и е субъектом к а к о г о - л и б о р а с с т о я н и я и не употребляются без слов, обозначающих это расстояние. Бесприставочные глаголы движения группы «идти» показывают движение в его развитии, в его процессе и поэтому бесприставочные глаголы группы «идти» и образованные от них глаголы с приставкой **про-** (СВ) представляют собой видовую пару (**идти—пройти, плыть—проплыть** и т. д.).

Глаголы движения с приставкой **про-** (несовершенного вида) обозначают многократное преодоление какого-либо расстояния.

Задание 14. Прочитайте предложения. Проанализируйте употребление выделенных глаголов движения.

1. С 16 августа по 8 сентября 1986 года три итальянца **ехали** на мотоцикле 560 часов без остановки, сменяя друг друга за рулём. Они **проехали** 30 тысяч километров со скоростью 54 километра в час.

2. С 3 марта по 2 апреля 1989 года водитель Николай Никольшин на автомобиле марки «УАЗ-469» **проехал** рекордное расстояние в 18 тысяч 365 километров по маршруту Чукотка — Краснодар. Значительную часть пути автомобиль **ехал** в условиях полного бездорожья.

3. Англичанин Дейл Лайонс **пробежал** расстояние в 48 километров за 4 часа 18 минут. Когда он **бежал,** то держал в вытянутой руке ложку с сырым яйцом. Рекорд был установлен 23 апреля 1990 года.

4. 30 июня 1859 года француз Шарль Блонен впервые **прошёл** над Ниагарским водопадом по канату длиной 335 метров на высоте 48 метров. Через год он повторил этот свой рекорд. Только теперь, когда он **шёл** по канату, то **нёс** на плечах человека.

5. Во французском городе Аркашоне ежегодно организуют соревнования по бегу на ходулях. Участники соревнований должны **пробежать** дистанцию в 105 километров. А **бежать** на ходулях — дело нелёгкое!

6. Максимальная скорость, с которой может **плыть** тихоокеанская черепаха, спасаясь от врагов, — 35 километров в час. Однажды на специальных испытаниях огромная черепаха **проплыла** расстояние в четыре с половиной метра за 43 секунды.

7. Россиянин Евгений Смургис из Липецка с 20 июля по 24 сентября 1990 года **плыл** в заполярных водах на гребной лодке по маршруту: порт Хатанга — море Лаптевых — мыс Челюскина — Карское море — порт Диксон. Он **проплыл** расстояние в две тысячи километров. Это рекорд для гребных судов в северных широтах.

Задание 15. Вместо точек вставьте подходящие по смыслу глаголы движения группы «идти» без приставки или с приставкой **про-** совершенного вида в прошедшем времени.

1. Стояла хорошая нежаркая погода. Туристы ... налегке и без труда ... 15 километров. 2. Мой друг доволен своей автомашиной: она ... 50 тысяч километров без единой поломки. 3. Занятые беседой, друзья не заметили, как ... половину пути. 4. Спортсмен .. . красиво и быстро. Всю дистанцию он ... за рекордно короткое время. 5. Самолёт уже второй час ... над тайгой в сторону моря. 6. Лодка ... вверх против течения, борясь с волнами. 7. Канадец Ивон Джолн установил рекорд по прыжкам через бочки. В январе 1981 года он перепрыгнул через 18 бочек и ... расстояние почти в 9 метров. 8. Во время соревнований 29 июня 1981 года в Германии барменша Роузи Шеделбауер ... расстояние 15 метров за 4 секунды, в каждой руке она ... по 5 кружек пива. 9. В июне 1988 года в Индонезии 19 человек сели все сразу на один велосипед и ... на нём 200 метров. 10. 24 мая 1986 года англичанин Нил Салливан ... мешок с углём весом 50 килограммов без остановки 55 километров. 11. Государственный Эрмитаж в Санкт-Петербурге имеет 322 зала, в которых хранятся три миллиона произведений искусства. Чтобы их увидеть, нужно ... путь длиной 25 километров! 12. Удивительное путешествие совершил канадец Рик Хансен. Он ... на инвалидной коляске более 40 тысяч километров и посетил 34 страны на четырёх континентах.

Обратите внимание!

Он **перешёл** (через) дорогу и остановился перед зданием гостиницы. Он **переехал** в новое общежитие.	Профессор вошёл в аудиторию и **прошёл** к своей кафедре. Он зачитался и **проехал** свою остановку. Туристы **прошли** к гостинице через сквер. Мы **проехали** три остановки и вышли.

Глаголы движения с приставкой **пере-** имеют следующие значения: 1) «переместиться с одной стороны на другую сторону чего-либо, имеющего форму линии (движение по перпендикуляру)»; 2) «переместиться из одного места в другое».

Глаголы движения с приставкой **про-** обозначают *линейное движение*, а именно: 1) «продвижение вглубь какой-либо территории»; 2) «параллельное движение относительно какого-либо объекта, когда этот объект остаётся позади»; 3) «пересечение какой-либо территории к какой-либо цели»; 4) «преодоление какого-либо расстояния».

Задание 16. Прочитайте предложения. Объясните значение глаголов движения с приставками.

1. Это случилось в середине сентября 1975 года. Когда пассажирский поезд шёл в Нью-Йорк, он вдруг замедлил ход. Пассажиры увидели, что огромная армия жуков **переходит** железнодорожный путь. Только через сутки лавина жуков **прошла,** и поезд смог продолжить свой путь. 2. Француз Мишель Мене 1 марта 1988 года **прошёл** по канату на рекордной высоте — 1008 метров. 3. Группа людей из 11 человек 19 декабря 1987 года **прошла** по раскалённым углям, температура которых достигала 840 градусов. 4. Бен Карлин из Австралии совершил кругосветное путешествие на автомобиле-амфибии. Он **проехал** 62 тысячи 765 километров по суше и **проплыл** 450 километров по океанам, морям и рекам. А 24 августа 1951 года он **переплыл** пролив Ла-Манш и закончил своё путешествие. 5. Врач посоветовал моему другу **переехать** на юг, ближе к солнцу и морю. 6. Спортсмен **пробежал** 400 метров за 53 секунды. 7. Самое интенсивное в мире движение автомобилей бывает на трассе в районе Лос-Анджелеса. По этой дороге за час **проезжают** около 18 тысяч автомобилей. 8. Два огромных сахалинских парома **перевозят** основную массу грузов с острова на материк. 9. К остановке автобуса мы **прошли** через дворы. 10. Каждый пассажир на самолёте может бесплатно **провозить** 20 килограммов багажа. 11. Московский метрополитен ежедневно **перевозит** 8—9 миллионов пассажиров. 12. Мы **прошли** мимо девятиэтажного жилого дома, мимо клуба и вышли к станции метро.

Задание 17*. Ответьте на вопросы в соответствии с ситуацией. Используйте глаголы движения с приставкой **пере-** или **про-**.

1. Туристам нужно попасть в деревню, которая находится за лесом. Что они должны сделать?

2. Туристам надо попасть на другой берег реки. Что они должны сделать?

3. Вы едете в первом вагоне поезда. Вагон-ресторан находится в девятом вагоне. Что вам нужно сделать, чтобы попасть в вагон-ресторан?

4. Вы едете в первом вагоне поезда. Вагон-ресторан находится во втором вагоне. Что вам нужно сделать, чтобы попасть в вагон-ресторан?

5. Банк, о котором вас спрашивает прохожий, находится на противоположной стороне улицы. Что вы ему скажете?

6. Библиотека, о которой вас спрашивает прохожий, находится в конце улицы. Что вы ему ответите?

7. Спортивные результаты пловца Иванова: 400 метров за 2 минуты 47 секунд. Как об этом напишут газеты?

8. На пути к гостинице находятся школа, книжный магазин, банк, аптека. Что вы ответите прохожему на вопрос, как найти гостиницу?

9. Вы едете в Китай на поезде. Вас интересует, какие города вы увидите по пути. Какой вопрос вы зададите проводнику?

10. Что вы сделаете, если врач скажет вам, что по состоянию здоровья вам больше нельзя жить на севере?

Задание 18. Скажите, о каком человеке и почему говорят: «Прошёл (сквозь) огонь, воду и медные трубы»?

Обратите внимание!

Летом я **ездил** на Чёрное море.	Я удачно **съездил** на юг этим летом: поправил здоровье, хорошо отдохнул, загорел, окреп.

Глаголы движения группы «ходить» без приставки (несовершенного вида) и с приставкой **с-** (совершенного вида) констатируют факт пребывания субъекта в каком-либо месте: *Я ездил в Санкт-Петербург. Я съездил в Санкт-Петербург.* Глаголы движения с приставкой **с-** по сравнению с бесприставочными глаголами движения могут вносить в высказывание модальный оттенок: *Я ездил в Петербург. = Я был в Петербурге. Но: Я съездил в Петербург. = Мне удалось побывать в Петербурге* подчёркивают результативность факта или дают ему оценку.

Глаголы с приставкой **с-** могут также употребляться в следующих случаях: а) в контексте с временной конструкцией «за сколько времени»: *За время летних каникул я съездил на экскурсии в Клин, Сергиев Посад, Абрамцево и даже в Суздаль и Владимир;* б) в инфинитиве после глаголов **успеть, забыть, остаться, удаться**: *В прошлом году мне удалось съездить на Алтай;* в) в повелительном наклонении с определённой целевой установкой: *Сходи, пожалуйста, за газетой. Съезди на вокзал, узнай расписание поездов.*

Задание 19*. Прочитайте предложения. Вместо точек вставьте глаголы движения группы «ходить» без приставки или с приставкой **с-**. Дайте возможные варианты.

1. — Где ты был вчера вечером? Я звонил тебе, но никто не подошёл к телефону.

    — Я ... в консерваторию на концерт.

2. — Где ты был утром? Я звонил тебе, но никто не подошёл к телефону.

    — Я ... на вокзал за билетами.

    — Ну, и как ... ? Купил билеты?

3. До отхода поезда оставалось ещё три часа, и я решил ... на выставку, посмотреть работы молодых художников.

4. — Обязательно ... в Музей изобразительных искусств им. А.С. Пушкина!

5. Я ... в гости к друзьям 8 марта, мы весело провели время.

6. Начинается дождь! Подождите, я ... домой за зонтом!

7. Вчера я ... в магазин за зонтом.

8. Я удачно ... в агентство Аэрофлота: купил билет на нужный мне рейс.

9. — Где ты был так долго? За это время я успел ... . в библиотеку и просмотреть свежие газеты.

10. — ... , пожалуйста, в фонотеку за кассетой урока № 5!

Обратите внимание!

В прошлом году артисты Большого театра **ездили** в Японию на гастроли.	В прошлом году артисты японского театра Кабуки **приезжали** в Москву на гастроли.

Глаголы движения группы «ходить» без приставки (несовершенного вида) и с приставкой **при-** (совершенного вида) указывают на факт пребывания субъекта в каком-либо месте в прошлом. Глаголы движения без приставки употребляются в том случае, если субъект движения покидал «родные» места говорящего, а глаголы движения с приставкой **при-** — если субъект движения посещал «родные» места говорящего.

Задание 20. Прочитайте предложения. Вместо точек вставьте глаголы **ходить, приходить, ездить, приезжать** в прошедшем времени.

1. Россиянин: «В Пекин ... правительственная делегация России».

2. Китаец: «В Пекин ... правительственная делегация России».

3. Экскурсовод: «Вчера студенты МГУ ... в музей на экскурсию».

4. Преподаватель: «Вчера студенты МГУ ... в музей на экскурсию».

5. Артист цирка: «Летом московский цирк ... на гастроли в Новосибирск».

6. Житель Новосибирска: «Летом московский цирк ... на гастроли в Новосибирск».

7. Врач: «Утром я ... к больным на дом».

8. Врач: «Днём больные ... ко мне на приём в поликлинику».

9. Студенты: «К нам ... в гости преподаватели».

10. Студенты: «Мы ... в гости к преподавателю».

Задание 21*. Прочитайте предложения. Вместо точек вставьте подходящие по смыслу глаголы движения группы «ходить» без приставки или с приставкой **при-**. Дайте возможные варианты.

1. Многие русские киноартисты ... на кинофестиваль во Францию. 2. На Московский кинофестиваль ... артисты из разных стран мира. 3. Этим летом наши студенты ... в Сибирь в стройотряды. 4. К нам на факультет ... молодые преподаватели на практику. 5. К моему другу ... родители из Кореи. 6. Во время летних каникул я с друзьями ... на Байкал. 7. Я люблю путешествовать. Я уже ... в Англию, Испанию, США. 8. Наш сын учится в Москве в университете на факультете журналистики. Во время зимних каникул мы ... к нему, навещали его. 9. Недавно в наш город на конференцию ... делегация врачей. 10. В прошлом году он ... по делам в Германию.

Задание 22*. В текст, данный к рисункам, вместо точек вставьте подходящие по смыслу глаголы движения. Перескажите текст.

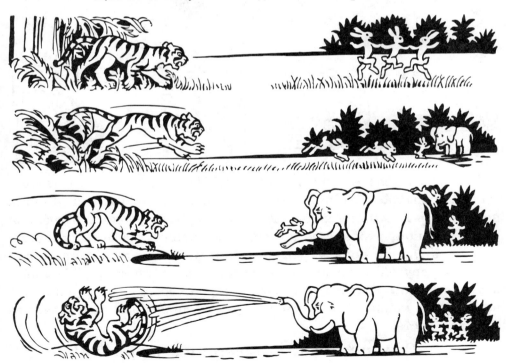

На поляне около леса танцевали зайцы. Вдруг из леса ... голодный тигр. Зайцы увидели тигра и ... к реке, а тигр ... за ними. В реке стоял слон. Зайцы ... к нему и попросили его помочь им. Слон опустил хобот, и зайцы ... на слона по хоботу, ... по его спине и таким образом ... на другую сторону реки. А когда тигр ... к слону, тот облил его водой. Слон спас зайцев.

Не имей сто рублей, а имей сто друзей!

Задание 23*. В текст, данный к рисункам, вместо точек вставьте подходящие по смыслу глаголы движения. Перескажите текст.

Кошка увидела мышку и ... за ней. На полу лежала пустая бутылка, и мышка ... в бутылку, чтобы спасти свою жизнь. Кошка попыталась ... мышку из бутылки, но это ей не удалось. Тогда она ... за удочкой, чтобы с её помощью ... мышку из бутылки. Когда кошка ... , из норы ... мышки, они ... к бутылке, одна встала на плечи другой, а последняя опустила хвост в бутылку. Мышка, которая была в бутылке, по хвосту ... на свободу, и все они ... в нору. Когда кошка ... и ... удочку, она с удивлением заметила, что бутылка пуста!

Сам погибай, а товарища выручай!

Задание 24*. Прочитайте тексты, данные к рисункам. Вместо точек вставьте подходящие по смыслу глаголы движения (с приставками и без приставок). Перескажите текст.

1. Познание мира

Мама с малышом в коляске ... к магазину. Она сказала малышу: «Сиди смирно и жди меня, я скоро вернусь». И как только мама ... в магазин, малыш ... из коляски и ... изучать окружающий мир. Сначала он несколько метров ... по тротуару в толпе прохожих, потом ... к собаке и побеседовал с ней, спокойно ... дорогу, несмотря на мчащиеся автомобили, ... в трубу, ... по трубе до конца, хотя рядом был знак, предупреждающий об опасности, и оказался около магазина, от которого начал своё кругосветное путешествие. Он ... в коляску и стал ждать маму. В этот момент мама ... из магазина. Она уложила часть покупок в коляску и ... малыша домой.

2. Распродажа

У магазина, где должна была происходить распродажа, стояла очередь и ждала его открытия. Последней ... женщина с зонтиком. Когда она ... в магазин, сразу ... к прилавку, где лежали ткани. Ей понравилась одна ткань, и она взяла её, чтобы лучше рассмотреть. В это время к этому же прилавку ... другая покупательница с противоположной стороны и ... эту ткань к себе. Женщины начали спорить и ... ткань каждая в свою сторону. Ни одна не хотела уступить другой. Вскоре в борьбу вступили и другие покупательницы. В конце концов победила женщина с зонтиком.

Что вы думаете о такой победе? Какие недостатки высмеивает художник?

3. Случай в зоопарке

Бабушка ... внучку к клетке со слоном и стала кормить слона сахаром. Она так увлеклась, что не заметила, как внучка ... в клетку к слону. Увидев такую картину, бабушка пришла в ужас, и бросилась спасать ребёнка. Она попыталась ... в клетку, но застряла, и уже не могла ни ... в клетку, ни ... из неё! А слон в это время благополучно вернул девочку на прежнее место. И спасать уже нужно было не внучку, а бабушку, которая отчаянно кричала, звала на помощь. Внучка попыталась ... свою бабушку из ловушки, в которую та попала. Но девочка была слишком мала и слаба для этого! На крик ... служащий зоопарка.

Что вы думаете, как закончилась эта история?

Задание 25. Рассмотрите рисунки. Ответьте на вопросы к ним и составьте свой рассказ.

1. Как вы думаете, почему толстый человек пришёл к врачу?
2. Почему он подошёл к рекламе и долго рассматривал её?
3. Какое решение он принял и куда пошёл?
4. Куда он поехал с лыжами?
5. Как вы думаете, ему понравилось ходить на лыжах?
6. Что с ним случилось, когда он съезжал с горы?
7. Как закончилась эта история?
8. В чём заключается юмор этого рассказа в рисунках, и как бы вы назвали рассказ?

Задание 26. Рассмотрите рисунки. Ответьте на вопросы к ним и составьте свой рассказ. Озаглавьте его.

1. Как вы думаете, к кому пришла пожилая женщина и по какому поводу?

2. Что она принесла в подарок?

3. Почему он подарил вазу своему руководителю на юбилей?
4. Что сделал юбиляр с этой вазой?
5. Куда отнёс эту вазу служащий?
6. Как вы думаете, какие вещи продавали в этом магазине?
7. Куда поставил вазу хозяин комиссионного магазина?
8. Кто однажды проходил мимо этого магазина?
9. Что сделала пожилая женщина, когда увидела вазу в витрине?
10. Кому она снова принесла эту вазу?
11. Как вы думаете, какова дальнейшая судьба этой вазы?
12. Как бы вы назвали этот рассказ в рисунках?

Задание 27. Рассмотрите рисунки. Ответьте на вопросы к ним и составьте свой рассказ.

1. Мимо каких заведений проходил толстяк?

2. Как вы думаете, почему он остановился, когда прошёл ресторан и бар?

3. Почему он пошёл назад?

4. Почему он остановился у дверей бара и не решался войти туда?

5. Почему он решительно пошёл прочь от бара?

6. Какая мысль остановила его снова?

7. Что с ним случилось, когда он отошёл от бара и побежал прочь от него, не видя дороги?

8. Как кончилась эта история?

9. Как вы думаете, над чем смеётся художник?

10. Как бы вы назвали этот рассказ в рисунках?

Задание 28. Составьте рассказ к данным рисункам в прошедшем времени. Используйте глаголы движения. Придумайте для них названия.

1

Задание 29. Ответьте на вопросы. Пользуйтесь схемой линий Московского метрополитена.

О б р а з е ц: — Как доехать от станции метро «Профсоюзная» до станции метро «Коломенская»?

— Надо доехать до станции «Третьяковская», перейти на станцию «Новокузнецкая», проехать три остановки и выйти из вагона.

СХЕМА МОСКОВСКОГО МЕТРО

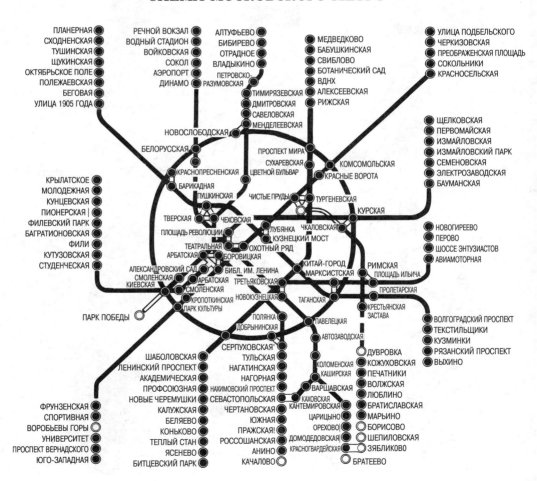

1. Как доехать от станции метро «Университет» до станции метро «Киевская»?

2. Как от станции метро «Таганская» доехать до станции «Проспект мира»?

3. Как от станции метро «Волгоградский проспект» доехать до станции «Парк культуры»?

4. Как от вашего дома (общежития) доехать до Третьяковской галереи?

5. Как от вашего дома доехать до станции метро «Кропоткинская»?

6. Как от вашего факультета (университета, института) доехать до стадиона «Лужники»?

7. Как от вашего дома доехать до Всероссийского выставочного центра?

8. Как от вашего дома (общежития) доехать до главного здания МГУ им. М.В. Ломоносова?

Задание 30. Пригласите в гости друга (подругу) и объясните, как доехать до вашего дома.

О б р а з е ц : Завтра у меня день рождения. Приезжайте ко мне к семи часам вечера. Я живу в общежитии МГУ на улице Шаболовка в доме номер 24 на четвёртом этаже в комнате 405. Откуда ты поедешь? От станции метро «Автозаводская»? Тогда тебе надо проехать на метро две остановки до станции «Новокузнецкая», потом перейти на станцию «Третьяковская» и проехать ещё две остановки до станции «Шаболовская». Выходи из метро и иди направо. Пройди немного вперёд. Там ты увидишь наше общежитие.

Задание 31. Прочитайте текст, проанализируйте употребление глаголов движения. Определите переносное значение глагола **прийти**. Ответьте на вопросы. Перескажите текст.

ТАЙФУН-СПАСИТЕЛЬ

Это случилось в деревне Львовке Томской области. Однажды Иван Алексеевич Шаламов, которому было 82 года, вместе со своей собакой по кличке Тайфун **поплыл** на лодке вниз по реке. Он собирался порыбачить и поохотиться.

Наловил рыбы, подстрелил несколько уток. И вот неожиданно **пришла** беда. Когда старик **шёл** по лесу, он не заметил ловушку, которую сделали другие охотники, и упал в неё. Это была яма глубиной три метра. Старик сломал руку и ногу и **вылезти** из ямы самостоятельно не мог.

Тайфун часами сидел над ямой и скулил. Старик стал просить его: «Тайфун, помоги мне! **Принеси** что-нибудь покушать». Не сразу, но всё же умный Тайфун понял, чего хочет его хозяин. На другой день он **принёс** хозяину рыбу и бросил вниз в яму.

Иногда Тайфун **убегал** к реке и громко лаял. Мимо **проплывали** лодки и катера, но никто не обращал внимания на собаку. Однажды двое рыбаков заинтересовались, почему лает собака, и **подплыли** к берегу на лодке. Тайфун умоляюще посмотрел на них и **пошёл** в лес. Рыбаки **пошли** за ним. Через несколько минут они **подошли** к яме, **вытащили** старого охотника из ямы и **отвезли** его в больницу.

Так Тайфун спас своего хозяина и стал местной достопримечательностью.

В о п р о с ы   к   т е к с т у :

1. Зачем Иван Алексеевич Шаламов поплыл на лодке вниз по реке?

2. Что с ним случилось, когда он шёл по лесу?

3. Почему он не мог самостоятельно вылезти из ямы?

4. Бросил ли Тайфун своего хозяина?

5. О чём стал просить Тайфуна старик?

6. Выполнил ли Тайфун просьбу хозяина?

7. Что делал Тайфун, чтобы привести людей на помощь хозяину?

8. Обращали ли люди внимание на собаку, которая лаяла на берегу?

9. Почему двое рыбаков всё-таки подплыли к берегу?

10. Как Тайфун привёл рыбаков к яме?

11. Как рыбаки помогли старому охотнику?

12. Почему Тайфун стал местной достопримечательностью?

13. Любите ли вы собак? Почему?

14. Какую собаку вы хотели бы иметь?

Задание 32. Прочитайте текст. Проанализируйте употребление глаголов движения. Определите переносное значение глагола **перенести**. Ответьте на вопросы. Перескажите текст.

МУЖЕСТВО

Эта драматическая история произошла с 12-летним мальчиком Сэмом Вестом на северо-западном побережье Австралии.

В тот день погода на море была прекрасная. И отец Сэма, капитан небольшого туристического теплохода, взял сына с собой на корабль.

Когда судно **отплыло** от берега на 20 метров, Сэм надел маску, нырнул в воду и **поплыл** к берегу, любуясь подводным миром. Это место было оживлённое: **плавали** люди, ловили рыбу рыбаки. Ничто не говорило об опасности. Поэтому, когда Сэм **плыл** под водой, он не заметил, как к нему **подплыл** пятиметровый крокодил. Он сорвал с ребёнка маску и схватил его за голову так, что она оказалась в его пасти. Крокодил **тащил** Сэма всё глубже в море. Но руки мальчика были свободны, и он большим пальцем руки ткнул своего врага в глаз. От неожиданности крокодил приоткрыл пасть, и мальчик **вытащил** свою голову из его пасти. Но крокодил не хотел отпускать свою жертву и в это же мгновение схватил Сэма за обе руки. Но ребёнок тоже не сдавался. Он собрал последние силы и укусил крокодила за нос. И только тогда крокодил отпустил мальчика и **поплыл** прочь...

Рыбаки **вытащили** Сэма из воды и **отвезли** в больницу. Там ему сделали несколько операций на голове. Мальчик **перенёс** их так же мужественно, как и борьбу с крокодилом.

Через некоторое время рыбаки поймали этого крокодила, подлечили его и **отвезли** в один из местных зоопарков.

Вопросы к тексту:
1. Где и с кем произошла эта драматическая история?
2. Кем был отец Сэма?
3. Почему отец Сэма взял его с собой на теплоход?

4. Когда Сэм нырнул в море, куда он поплыл?

5. Можно ли было ждать опасности в 20 метрах от берега? Почему?

6. Почему мальчик не заметил, как к нему подплыл крокодил?

7. Где оказалась голова ребёнка, когда его схватил крокодил?

8. Как защищался мальчик? Помогло ли ему это?

9. Отпустил ли крокодил мальчика?

10. Сдался ли Сэм? Что он сделал в следующее мгновение?

11. Как повёл себя крокодил в такой ситуации?

12. Кто и как потом помог мальчику?

13. Как Сэм перенёс операции?

14. Какова дальнейшая судьба крокодила?

15. Как вы думаете, почему 12-летний мальчик вышел победителем из этого страшного поединка?

Задание 33. Прочитайте текст. Проанализируйте употребление глаголов движения. Определите переносное значение глагола **привести** и словосочетания **«вести себя»**. Ответьте на вопросы. Перескажите текст.

ОБЕЗЬЯНА-ГИД

Французские исследователи Жак и Жаклин Девьер, когда **летели** над джунглями Панамы, потерпели крушение. После аварийной посадки они потеряли сознание. Их спасла обезьяна-ревун. Она ласково гладила их лица, и это **привело** миссионеров в сознание. Когда они открыли глаза, то увидели обезьяну, которая **вела себя** довольно странно: она **отходила** от них, потом снова возвращалась. Французы поняли, что она хочет им что-то показать.

Так и оказалось. Вскоре обезьяна-ревун **привела** их к дереву, на котором росли съедобные плоды. А немного позже она **отвела** их к воде.

Утром она **повела** французов куда-то, громко крича. Они **пошли** за криками своей спасительницы. Лишь через несколько часов они обратили внимание на то, что когда **шли** по джунглям, им не встретились ни одна змея, ни один хищник. К вечеру французы встретили миролюбивых индейцев, которые по иронии судьбы охотились на обезьян и тоже **шли** на крик ревуна...

Вопросы к тексту:

1. Что случилось с французскими миссионерами, когда они летели над джунглями Панамы?

2. Как они себя чувствовали после аварийной посадки?

3. Кто привёл их в сознание?

4. Кого они увидели, когда открыли глаза? Как вела себя обезьяна-ревун?

5. Куда привела обезьяна миссионеров? Как вы думаете, почему она это сделала?

6. Куда она отвела французов немного позже? Почему она отвела их туда?

7. Как вы думаете, куда повела обезьяна французов на другой день утром? Зачем она повела их туда?

8. Какой дорогой она их вела?

9. Кого встретили французы? Почему?

10. Что вы думаете об этой истории?

11. Как бы вы назвали этот рассказ?

Задание 34. Прочитайте текст. Проанализируйте употребление глаголов движения. Ответьте на вопросы, перескажите текст.

ТРАГЕДИЯ В ЗООПАРКЕ

Это произошло в зоопарке американского города Брукфилда. Там гориллы живут не в клетках, а в вольерах — в условиях, максимально приближённых к природным.

В 1996 году трёхлетний малыш Брайн Перт **отошёл** от мамы, которая с увлечением смотрела на обезьян, **перелез** через ограду и с семиметровой высоты упал вниз в вольер к гориллам. Малыш потерял сознание. А гориллы с угрожающими криками бросились к ребёнку. Посетители замерли от ужаса. В это время появилась горилла по кличке Бинти Хуа. Она бросилась на помощь ребёнку, быстро **разогнала** своих «сородичей», взяла малыша на руки, **подошла** к двери вольера и стала терпеливо ждать, когда **придут** люди за ребёнком.

Малыша Брайна, который сломал ногу и получил сотрясение мозга, благополучно **отвезли** в больницу, а горилла Бинти прославилась на всю страну.

В о п р о с ы к т е к с т у :

1. Почему малыш отошёл от мамы?

2. Как он оказался в вольере с гориллами?

3. Почему малыш потерял сознание?

4. Как повели себя гориллы, когда увидели мальчика на «своей территории»?

5. Как вели себя посетители зоопарка, когда увидели ребёнка в вольере с гориллами?

6. Кто и как спас малыша?

7. Почему мальчика отвезли в больницу?

8. Как вы думаете, почему горилла Бинти прославилась на всю страну?

Задание 35.   Прочитайте текст. Проанализируйте употребление глаголов движения. Определите переносное значение глаголов **прийти**, **уйти, унести**. Ответьте на вопросы, перескажите текст.

МОРСКИЕ СПАСАТЕЛИ

Английская туристка Кэмберн Чарлен, её сын и друг решили поближе посмотреть на лежбище котиков. Во время отлива они **отошли** от берега на несколько метров и совсем забыли о приливе, который в этих краях бывает очень сильный и быстрый. Через считанные минуты они оказались по грудь в холодной воде далеко от берега.

Мужчины **плавать** не умели, и поэтому за помощью к берегу **поплыла** Чарлен. Стало темнеть. На море опустился туман. Она уже не видела, куда **плывёт**. Положение становилось критическим.

Но в ту минуту, когда Чарлен потеряла желание бороться за свою жизнь и **ушла** под воду, к ней неожиданно **пришла** помощь: Чарлен почувствовала, что кто-то поднимает её вверх. Когда она **всплыла**, то увидела рядом с собой двух котиков. Они помогали ей **плыть** и не давали отливу **унести** её от берега в открытое море.

Через три часа рядом с Чарлен появилась лодка, и котики **уплыли**. В лодке сидели сын Чарлен и её друг. Оказалось, что после того как Чарлен **поплыла** к берегу, вода перестала прибывать. Через два часа начался отлив, её друг и сын вернулись на берег и **побежали** за помощью.

В о п р о с ы   к   т е к с т у :

1. Почему английские туристы оказались в воде далеко от берега?

2. Почему за помощью поплыла Чарлен?

3. Почему она потеряла желание бороться за свою жизнь?

4. Кто помог ей всплыть?

5. Как помогали ей котики, когда она всплыла?

6. Почему котики уплыли?

7. Кто был в лодке?

8. Почему сыну и другу Чарлен удалось вернуться на берег и отправиться за помощью?

9. Что вы думаете, как должен вести себя человек в экстремальной обстановке?

10. Попадали ли вы когда-нибудь в экстремальную ситуацию? Расскажите об этом.

Задание 36. Прочитайте текст. Проанализируйте употребление глаголов движения. Определите переносное значение словосочетания **прийти в себя**. Поставьте вопросы к тексту и перескажите его.

НЕВЕРОЯТНЫЙ СЛУЧАЙ

Фермера Дональда Моттрама спасли от верной гибели обыкновенные тихие и робкие коровы. Он **приехал** на поле на мотоцикле, чтобы осмотреть телёнка, который заболел накануне вечером. Неожиданно бык, который весит около тонны, напал на фермера сзади и сбросил его с мотоцикла.

Когда фермер **пришёл в себя**, он увидел, что коровы стоят вокруг него и закрывают его собой от быка. Фермер **отполз** в безопасное место и вызвал помощь. Но его спасительницы погибли…

Задание 37. Прочитайте текст. Проанализируйте употребление глаголов движения. Поставьте вопросы к тексту и перескажите его.

НЕВЕРОЯТНОЕ ПУТЕШЕСТВИЕ

Когда члены семьи Фортнеров из Майами **уезжали** в отпуск, они всегда брали с собой свинью по имени Эми. Однажды, когда они возвращались домой из Калифорнии, случилась беда. Когда Фортнеры **проезжали** через Аризону, они остановились в Тусоне и **пошли** обедать, а дверцу автомобиля закрыли неплотно. Когда же они вернулись из ресторана, то увидели, что Эми исчезла. Они два дня **ходили** по городу, искали свою любимицу, но не нашли и **уехали** домой.

Через девять с половиной месяцев произошло чудо — Эми **пришла** домой. Она похудела на 9 килограммов, на одной её ноге была глубокая рана, всё тело было в ушибах и царапинах.

По подсчётам Фортнеров, Эми ежедневно **проходила** 13 километров, и за 279 дней она **прошла** через пять штатов около трёх с половиной тысяч километров!

Несмотря на такое трудное путешествие, Эми оставалась по-прежнему весела и любопытна.

Задание 38. Прочитайте текст. Проанализируйте употребление глаголов движения. Поставьте вопросы к тексту и перескажите его.

УДИВИТЕЛЬНЫЙ СЛУЧАЙ

Это случилось в Южной Америке. Женщина с маленьким сыном **шла** по берегу реки. А вдоль берега в реке **плыл** крокодил, как будто провожая мать с сыном.

Вдруг из ближайших кустов с лаем **выбежала** собака и бросилась на людей. Мальчик закричал от страха. Женщина на мгновение замерла от ужаса. В это время крокодил проворно **вылез** из воды и с открытой пастью, схватил собаку за ухо и **потащил** её в воду. Собака вырвалась, оставив ухо в зубах крокодила, и **убежала** прочь. А крокодил вернулся в воду и спокойно **поплыл** дальше.

Задание 39. Прочитайте текст. Проанализируйте употребление глаголов движения. Определите переносное значение глагола **выходить** и словосочетания **прийти в себя**. Поставьте вопросы к тексту и перескажите его.

ЕЙ ПОМОГЛИ СОБАКИ

Маргарет Смитсон, которой было 65 лет, **пошла** гулять в лес со своими собаками. Олень, которого она испугала, **побежал** и сбил её с ног. Женщина упала и потеряла сознание. Собаки лизали ей лицо, **тащили** её за кофту до тех пор, пока она не **пришла в себя**. Женщина с трудом **доползла** до машины и кое-как **доехала** до своей фермы, откуда и вызвала по телефону помощь. Врачи ей сказали, что, если бы её **привезли** в больницу на четверть часа позже, она ослепла бы. **Выходит**, собаки спасли ей зрение.

Задание 40. Прочитайте текст. Проанализируйте употребление глаголов движения. Определите переносное значение глагола **носить** и словосочетания **прийти в себя**. Ответьте на вопросы и перескажите текст.

ЗАГАДОЧНОЕ ПРОИСШЕСТВИЕ

Фиону Мендоза, жительницу испанского города Кордова, среди ночи разбудила чья-то рука, которая трясла её за плечо. Около кровати стоял незнакомый мужчина в костюме, какие **носят** пожарные. Он жестами велел женщине встать. Сначала Фиона думала, что это сон, но потом почувствовала запах дыма и поняла, что её дом горит.

Незнакомец жестами заставил Фиону лечь на пол, где дыма было меньше, и они **поползли**. Она говорила ему, что в доме четверо детей, но пожарный так же молча **тащил** её за собой. Он **полз** первым, поэтому Фиона увидела у него на спине большую чёрную цифру «3», под которой было написано «М. Корона».

На нижнем этаже Фиона потеряла сознание. **Пришла в себя** уже на улице перед горящим домом. Рядом сидели целые и невредимые дети, но спаситель бесследно исчез.

Когда **приехала** пожарная машина и стали тушить пожар, Фиона **подошла** к одному из пожарных и спросила, где она может найти пожарного Корону, который **вывел** и её, и её детей из горящего дома. Пожарный странно посмотрел на неё.

Оказывается, Корона погиб 37 лет назад, когда во время пожара пытался спасти женщину с двумя детьми.

Через какое-то время на месте сгоревшего дома построили новый дом. Именно в этом новом доме и жила Фиона со своими детьми...

Вопросы к тексту:

1. Кто разбудил Фиону среди ночи?
2. Какой костюм был на незнакомце?
3. Что велел незнакомец делать Фионе?
4. Сразу ли женщина поняла, что происходит в её доме?
5. Почему пожарный заставил её лечь на пол и ползти?
6. Какую надпись увидела Фиона на спине незнакомца и почему?
7. Что увидела Фиона, когда пришла в себя?
8. Почему она искала незнакомца по имени Корона?
9. Что она узнала о незнакомце?
10. Что вы думаете об этой истории?

Задание 41. Прочитайте текст. Вместо точек вставьте подходящие по смыслу глаголы движения с приставками и без приставок. Определите переносное значение глагола **нестись**.

«ЗАЯЦ-СПАСИТЕЛЬ»

Однажды осенью я ночевал у деда Лариона на Голубом озере. Во время чая дед рассказал мне историю о зайце.

Это случилось летом. В конце августа дед ... охотиться на северный берег озера. Вдруг он увидел зайца с рваным ухом. Дед выстрелил, но не попал, заяц ... . Дед ... дальше. Вдруг он почувствовал запах дыма и понял, что начался лесной пожар, огонь **нёсся** прямо на него. Стало трудно дышать. Огонь **нёсся** со скоростью 80 километров в час. Дед ... . Было очень трудно ... , так как дым ел глаза, а сзади уже был слышен треск и шум огня. Смерть была уже рядом, и в это время откуда-то ... заяц с рваным ухом. Он ... медленно, потому что у него обгорели задние лапы и живот. Дед хорошо знал, что звери лучше человека чувствуют, откуда ... огонь, и почти всегда спасаются. Дед ... за зайцем. Он ... , плакал от страха и кричал: «Подожди, милый, не ... так быстро!»

Заяц ... деда из огня. Когда они ... из леса, оба упали от усталости.

Потом дед взял зайца и ... его домой. Заяц не мог ... , у него сильно обгорели ноги и живот. Зайца надо было лечить.

Лёнька, внук деда, взял зайца и ... его к ветеринару. Когда Лёнька ... к ветеринару, тот не захотел лечить зайца и сказал, что лечит только домашних животных. В это время к ветеринару ... бабка Анисья, она ... к ветеринару свою козу. Бабка Анисья увидела, что Лёнька плачет, и посоветовала ему ... к доктору Карлу Петровичу.

— Он добрый, — сказала бабка,— он обязательно поможет тебе.

На другой день Лёнька вместе с дедом ... к доктору. Они долго ... по улицам города, искали доктора. Наконец, кто-то посоветовал им ... в аптеку и узнать там адрес доктора. Когда дед с Лёнькой ... в аптеку, старый аптекарь сердито посмотрел на них, но в конце концов дал им адрес Карла Петровича. Дед с Лёнькой ... до Почтовой улицы, где жил доктор, и остановились около небольшого домика. Карл Петрович играл на рояле что-то печальное.

«Я не ветеринар, я всю жизнь лечу детей, а не зайцев», — сказал Карл Петрович. Но дед упрямо повторял: «Что ребёнок, что зайчонок — всё равно. Этот заяц спас меня из огня. Как же я могу его бросить? Полечи». Наконец Карл Петрович согласился. Он оставил у себя зайца и Лёньку, чтобы тот смотрел за зайцем.

Доктор вылечил зайца, который ... деда из огня, и через неделю Лёнька ... его домой. Через два дня об этом узнал весь город, а на третий день к доктору ... корреспондент из Москвы и попросил дать интервью о зайце.

По К. Паустовскому

Задание 42. Прочитайте шутки, проанализируйте употребление глаголов движения. Объясните, в чём заключается юмор каждой шутки, и перескажите их.

1. — Папа, почему ты всегда **подходишь** к окну, когда я начинаю петь?

— Я не хочу, чтобы соседи подумали, что я бью тебя!

2. — Любимый, давай встретимся в 5 часов.

— Ладно, а когда ты **придёшь?**

3. Муж **приходит** с работы и видит, что его молодая жена горько плачет.

— Я испекла тебе пирожки с мясом, но, когда вышла из кухни, кот их съел.

— Не плачь, дорогая! Если кот умрёт, я куплю тебе другого.

4. Девушка **пришла** в магазин, **подошла** к прилавку, долго выбирала подарок для своего жениха и никак не могла выбрать. Продавец, желая помочь, спросил её:

— А кто ваш жених по профессии?

— Писатель, — ответила девушка.

— Тогда подарите ему корзину для мусора.

5. В кабинет врача-психиатра **вползает** человек.

— Так, кто здесь у нас змейка, черепашка, ящерка? — спрашивает врач.

— Нет, доктор, я высоты боюсь.

6. Отец спрашивает сына:

— Когда Линкольну было столько лет, сколько сейчас тебе, он каждый день **проходил** 10 миль в школу и обратно...

На что сын отвечает:

— А когда ему было столько лет, сколько тебе сейчас, папа, он был уже президентом!

7. Поезд метро **пришёл** на конечную станцию. Дежурный **обходит** вагоны. В последнем вагоне спит студент, у него на коленях лежит книга «Теория поля», написанная физиком Ландау.

Дежурный **подходит** к студенту и говорит:

— Вставай, агроном, **приехали**.

8. Посетитель в ресторане:

— Официант, **принесите** мне дверь, я хочу **выйти**!

9. Перед операцией к врачу **подходит** жена больного:

— Доктор, есть ли какая-нибудь надежда!

— Всё зависит от того, на что вы надеетесь.

10. В зоопарке к клетке, где рядом лежат волк с ягнёнком, **подошла** группа посетителей.

Экскурсовод:

— Вот видите, мирное сосуществование не сказка, а реальность, нужно только не жалеть для этого усилий...

Служитель зоопарка говорит про себя:

— Мы и не жалеем усилий, каждый день **приводим** волку нового ягнёнка.

11. — Алло! Скорая помощь? Что делать? Моего мужа **переехал** каток!

— Пришлите его по факсу, мы посмотрим.

12. Один мужчина **проходит** мимо театра и вдруг видит своего знакомого.

— Почему ты здесь стоишь?

— Да вот с женой в театр **приехали**.

— А где же твоя жена?

— На спектакль **пошла**, он давно начался.

— А ты тогда что здесь делаешь?

— А я машину сторожу — сегодня моя очередь.

13. Сторож поймал мальчишку, который **залез** в чужой сад за яблоками.

— Я научу тебя как воровать!

— Слава Богу! А то меня уже третий раз ловят!

14. В психиатрической больнице звонит телефон.

— **Сходите**, пожалуйста, в палату № 6 и посмотрите, есть там кто-нибудь.

— Нет там никого, — отвечает дежурный.

— Слава Богу! Значит, мне всё-таки удалось **убежать**!

15. Жена **приносит** кофе мужу, который работает за компьютером. Он отпивает кофе и зло говорит ей:

— Ты же знаешь, что я ненавижу кофе без сахара!

— Знаю, дорогой, — отвечает жена.— Просто я хотела услышать твой голос.

16. Инструктор по горнолыжному спорту говорит новичкам:

— Ваш курс обучения состоит из трёх этапов: вы учитесь надевать лыжи, **съезжать** с горы и потом **ходить** на костылях.

17. Доктор:

— Больной, на что вы жалуетесь?

Пациент:

— На жизнь!

Доктор:

— Не волнуйтесь, это скоро **пройдёт**.

18. Один человек просит фотографа:

— Сфотографируйте меня за деревом.

— Зачем это?

— Я хочу послать эту фотографию маме. Она посмотрит и скажет: «А где мой сын?»

В этот момент я и **выйду** из-за дерева!

Задание 43. Прочитайте микротексты, содержащие занимательную информацию, перескажите их, дайте им оценку. Определите значение глагола **догнать**.

1. У индийского горного племени мутованов существует такой свадебный обычай: жених должен украсть свою невесту и спрятать-

102

ся с ней так, чтобы никто их не нашёл. Брак считается недействительным, если в течение месяца их найдут.

Рассказывают, что однажды юноша **пробежал**, держа свою невесту на спине, более 30 километров и спрятался в ущелье. Другой юноша **залез** на огромное дерево.

2. В 1911 году американец Бобби Лэч заключил пари, говоря, что он в бочке **проплывёт** Ниагарский водопад. Пароход **довёз** бочку до середины реки, а дальше она **поплыла** по течению. Когда бочка **подплыла** к грохочущему водопаду, то стремительно **понеслась** вперёд и через секунду **полетела** в пропасть. Люди, которые собрались на берегу, ждали самого плохого. Однако, когда бочку **вытащили** из воды и открыли её, Лэч **вылез** из бочки живым и невредимым. Он выиграл пари.

3. Несколько лет назад по улицам Токио гигантскими прыжками **нёсся** кенгуру, за ним на большой скорости **ехал** полицейский автомобиль. Когда полицейские **догнали** животное, кенгуру встретил их ударами по всем правилам профессионального бокса. Дело в том, что кенгуру Рухи **убежал** из цирка, где выступал в «роли боксёра».

4. Джона Мальнеса из Сиднея справедливо считают самым живучим человеком в Австралии. За долгую жизнь его два раза кусали ядовитые змеи, три раза **переезжали** автомобили, четыре раза — мотоциклы и семь раз — велосипеды. Несмотря на это, Джон Мальнес стойко **перенёс** все удары судьбы и даже дожил до ста лет.

5. Синие киты — самые крупные животные на нашей планете. В минуту опасности они могут **плыть** со скоростью 37 километров в час и удерживать эту скорость в течение 10 минут. Однажды синий кит **плыл** целый день со скоростью 18 километров в час впереди китобойного корабля, который охотился за ним. И **ушёл**-таки от него!

6. В 1974 году французский канатоходец Филипп Пети **ходил** по 42-метровому канату, протянутому на высоте 411 метров между дву-

мя небоскрёбами Международного торгового центра в Нью-Йорке. В течение 75 минут Пети семь раз **переходил** с одного небоскрёба на другой.

7. На одном из островов Фиджи в Тихом океане женщины маленькой деревушки Намуаны **приходят** на берег и поют песни. Черепахи **вылезают** из воды и слушают этот концерт часами. Как только пение прекращается, черепахи исчезают.

8. В Таиланде на берегу Индийского океана живёт племя чоу лэй, что на тайском языке означает «люди океана». Такое название племя получило, потому что вся его жизнь связана с океаном. У людей этого племени есть поверье: если кто-нибудь из них **отойдёт** от берега на такое расстояние, что не будет слышать шум прибоя, то он погибнет. Поэтому племя живёт в небольших деревушках у самого океана.

9. Однажды общество любителей животных немецкого города Франкфурта-на-Майне оплатило для ласточки билет на самолёт, следующий до Майорки. Ласточка не смогла **лететь** на юг вместе с другими птицами. Поэтому люди дали ей возможность присоединиться к стае, которая отдыхала у испанского побережья.

10. В середине XVII века на одной из улиц Гааги встретились экипажи французского и испанского посланников. Улица была такая узкая, что экипажи не могли **разъехаться**. Ни один из них не хотел уступить дорогу другому. Назревал международный конфликт! Тогда городские власти приказали убрать заборы, и послы гордо **разъехались**.

11. Аппарат монтекоптёр, который построили в США, может **летать**, как вертолёт. Если убрать его винт, он **поедет** по дороге, как автомобиль, или **поплывёт** по воде, как лодка. Самую большую скорость аппарат развивает в воздухе: он может **лететь** со скоростью 150 километров в час.

12. Лондонский клерк Роберт Плэттен **переплывал** пролив Ла-Манш самыми разнообразными и необыкновенными способами: в

бочке, на кровати, в ванне. В конце концов он **переплыл** знаменитый пролив в металлической бутылке, к которой приделал мотор.

13. В Чили в одной из пещер недалеко от города Талькауано полиция нашла десятилетнего мальчика, который пять лет назад потерял родителей, был в детском доме, через год **убежал** оттуда и в течение двух лет жил в стае бродячих собак. Он вместе с ними **бегал** по улицам, добывая пищу. Когда полиция нашла его, он попытался **убежать** и бросился в холодные воды Тихого океана. Его **вытащили** из воды силой и **отвезли** в детский дом. Но мальчик не хочет там жить, он агрессивен, ни с кем не разговаривает, хотя владеет человеческой речью.

14. Река Амазонка имеет самый большой бассейн в мире. Его площадь равна 7045 тысячам квадратных километров.

В России самый большой бассейн реки у Оби — 2990 тысяч квадратных километров. Ежегодно через него **проходят** 16 миллионов тонн воды.

15. В дом жительницы города Калунборга неожиданно постучали. Эдит Ольсен открыла дверь, **вошёл** незнакомый человек и сказал: «Не могли бы вы вернуть мне колесо от автомобиля?» — «Оно в кресле», — сердито ответила хозяйка дома.

Оказывается, когда его машина **переезжала** мост через реку, она врезалась в ограждение. Одно из колёс оторвалось, стремительно **прокатилось** по мосту, ударилось о цементную вазу, **взлетело** вверх, упало на крышу дома, проломив её, и очутилось в кресле. К счастью, всё обошлось без жертв.

16. Самыми опасными представителями животного мира являются комары. Они **переносят** малярийный плазмодий и являются виновниками гибели чуть ли не половины населения Земли на протяжении всей её истории, начиная с каменного века. Даже сегодня, несмотря на упорную борьбу с малярией, ежегодно заражаются этой болезнью около двухсот миллионов человек! Только в Африке каждый год умирают от малярии более миллиона детей.

Глава четвёртая

УПОТРЕБЛЕНИЕ ГЛАГОЛОВ ДВИЖЕНИЯ В ПЕРЕНОСНОМ ЗНАЧЕНИИ

Задание 1*.   Прочитайте предложения. Определите значение выделенных глаголов движения, используя слова для справок.

I. 1. Дорога, которая **идёт** вдоль израильского побережья Мёртвого моря, расположена ниже его уровня на 393 метра. 2. Ему всегда **везёт** в игре. 3. В Вашингтоне есть часы в форме куба, которые по высоте равны пяти этажам здания «Интэрнэшнл сквер» и управляются с помощью компьютера. Они **ходят** с точностью до одной сотой секунды в сутки. 4. В Польше есть ряд населённых пунктов, которые **носят** название разных стран или известных городов. 5. К. Э. Циолковский понимал, какую огромную опасность **несёт** в себе ракетное оружие, и предупреждал об этом. 6. Самая маленькая в мире рыба — это пандага. По размерам она не больше муравья. Было даже время, когда в Америке женщины **носили** в ушах серьги-аквариумы, в которых плавали эти крохотные рыбки. 7. Байкал справедливо называют загадкой природы. Воды в нём больше, чем в Балтийском море. Здесь **водится** более полутора тысяч разных живых организмов. 8. Преподавателям нравилось умение этого ученика самостоятельно и критически мыслить, не бояться **идти** против традиционных взглядов. 9. Изучение естественнонаучных предметов **вели** в этом училище при помощи разнообразных наглядных пособий. 10. Общество должно уделять больше внимания гуманитарным наукам, так как с их помощью можно понять процессы, которые **идут** в естественной среде. 11. Непрерывно возрастающее потребление энергии промышленностью и сельским хозяйством **ведёт** к потеплению климата на Земле. 12. В настоящее время в монастыре на Соловках **ведутся** реставрационные работы. 13. Некоторые современники Ивана Грозного утверждали, что ссора отца с сыном **носила** сугубо семейный характер. 15. Тебе **идёт** это платье. 15. В последнее время вражеская армия **несёт** большие потери: много убитых и раненых. 16. По городу **ходит (ползёт)** слух о серьёзных перестановках в правительстве. 17. Он **ведёт** себя легкомысленно: пропускает занятия, не делает домашнее задание. 18. Кучер **гнал** лошадей, и они **летели** по полю, словно птицы. 19. Остоженка — старинная московская улица, которая **ведёт** от Бульварного кольца к Садовому кольцу. 20. Непримиримая борьба с браконьерами **ведётся** во многих странах мира. 21. Английские учёные установили, что земная атмосфера вращается. На высоте 200—300 километров она **несётся** со скоростью более 500 километров в час.

С л о в а д л я с п р а в о к: происходить; идти в направлении чего-либо; иметь; распространяться; иметь успех; быть к лицу; заставлять быстро двигаться; поступать каким-либо образом; пролегать; иметь последствием чего-либо; иметь название или имя; работать; надевать; выступать; обитать, жить (о животных); преподавать, обучать; быстро двигаться, мчаться.

II. 1. Новая Зеландия — страна, которая первой **ввела** всеобщее избирательное право. Это произошло в 1893 году. 2. Преступник **понёс** заслуженное наказание. 3. В начале XX века важные исследования полёта пороховых ракет **провёл** русский военный инженер Михаил Михайлович Поморцев. 4. Кваджалейн — самый крупный атолл в мире. Он **входит** в состав Маршалловых островов и находится в центральной части Тихого океана. 5. Самый длинный фильм, который **вышел** на экраны, был фильм кинорежиссёра Райнера Фасбиндера «Берлин. Александерплатц». 6. Последним преступником, которого казнили во Франции, был убийца Эжен Вейдман. Приговор **привели** в исполнение 17 июня 1939 года. 7. Все дни космонавтов, которые находятся в полёте, расписаны по часам и минутам. Девять часов **отводится** на сон, два часа — на завтрак, обед и ужин. Два с половиной часа занимают физические упражнения. Уборка помещений требует около часа. Полтора часа **уходит** на переговоры с Землёй, остальное время — около восьми часов — **идёт** на проведение научных экспериментов. 8. Группа британских учёных **пришла** к заключению, что в борьбе против вредных улиток самым лучшим средством являются ежи. 9. Рекордсменом по пребыванию в камере смертников считается японец Садамичи Хирасава, который **провёл** в ней 39 лет. 10. Самое катастрофическое по числу жертв землетрясение произошло 23 января 1556 года в китайской провинции Шаньси. Оно **унесло** жизни 800 тысяч людей. 11. В Болдине Пушкин работал над девятой главой романа «Евгений Онегин», но сжёг её. От этой главы до нас **дошли** только 16 строф. 12. Когда Джеймсу Бретту из города Хьюстон исполнилось 111 лет и 105 дней, он **перенёс** операцию на бедре. 13. Во Вьетнаме в меню ресторанов обязательно **входят** котлеты из мяса удава, его печень. 14. К свисту многие относятся неодобрительно. Актёры, например, считают, что свистеть перед спектаклем — значит **принести** неудачу. 15. Известно, что верблюды могут легко **переносить** сорокаградусную жару. 16. Д.С. Лихачёв **ввёл** в речь термин «экология культуры». «На пороге третьего тысячелетия, — писал учёный, — речь должна **идти** не только о выживании «биологических особей», но и о сохранении человеческой культуры». 17. По мнению немецкого педагога Бернда Зюдкампа, страсть к субординации и внешней дисциплине **приводит** к страху, а страх парализует ум. 18. Его **выгнали** из школы за нарушение дисциплины. 19. Название города Коломны **восходит** к финскому слову, которое означает «могила, кладбище». 20. В проекте политической реформы, которую Сперанский предполагал **провести** в России, предусматривалось разделение властей на законодательную, исполнительную и судебную. Через несколько лет Сперанский был назначен генерал-губернатором Сибири, где и **провёл** ряд административных реформ. 21. Ужасные войны и испытания, которые **перенесли** народы, **привели** к кризису гуманизма. 22. Мы должны **подходить** к своим поступкам с осознанием ответственности за будущее планеты. 23. Бурное таяние снегов в горах **приводит** к наводнениям на равнинах. 24. Учёные **расходятся** во мнениях по поводу причины потепления климата на Земле. 25. В древности через Ладожское озеро **проходил** путь из Скандинавии в Византию. По этому пути шли торговые корабли из северных стран в южные. 26. Картина И.Е. Репина «Иван Грозный и сын его Иван» **вошла** в историю русского искусства как шедевр живописи, как произведение, ставшее гордостью русского народа. 27. Это пальто **подходит** мне по размеру. 28. Потепление климата на Земле **приводит** к таянию ледников и значительному повышению уровня Мирового океана. 29. Несколько лет назад тысячи обезьян неожиданно захватили небольшой африканский город. Началась паника. Когда горожане **пришли в себя**, они выгнали незваных гостей в джунгли. 30. Длина клыков моржа достигает 70 сантиметров, их вес — 18 килограммов. Неудивительно, что морж может **нанести** смертельные раны даже белому медведю. 31. История старинной усадьбы, которая **выходит** на Волхонку, **восходит** к XVIII веку. 32. Сегодня на совместном заседании обеих палат парламента **приведён** к присяге новый президент республики. 33. Правительство этой страны станет **проводить** независимую внешнюю политику. 34. Тиграм **нанесён** значительный ущерб. За последнее время их численность сократилась с нескольких тысяч до нескольких сотен.

С л о в а д л я с п р а в о к: выдержать, испытать; дать положительный (отрицательный) результат; быть несогласными; сделать действующим; говориться; иметь своим источником, началом; исключить; осуществлять, выполнять; тратить время; состоять, быть членом или частью; появиться; пробыть, прожить какое-либо время каким-либо образом; дать время на что-либо; после каких-либо действий достигнуть решения; пролегать; стать историческим достоянием; терять, использовать; соответствовать; иметь направление; ранить; успокоиться, опомниться; приступить к чему-либо, имея определённую точку зрения; сохраниться до определённого времени; погибнуть.

Задание 2. Прочитайте микротексты. Определите значения выделенных глаголов движения.

1. Френ Фиппс из Канады стала первой женщиной, ступившей на Северный полюс. Это произошло 5 апреля 1971 года. Вслед за ней на Северном полюсе побывали две россиянки — Галина Ластовская и Лилия Минина. Они **входили** в состав команды атомного ледокола «Арктика», достигшего Северного полюса 17 августа 1977 года.

2. Над дверью своего загородного дома знаменитый датский физик Нильс Бор повесил подкову, которая якобы **приносит** счастье. Однажды кто-то из гостей спросил его: «Неужели Вы, такой великий учёный, верите этому?» — «Нет, конечно, — ответил Бор, — не верю. Это, безусловно, предрассудок. Но вы знаете, говорят, что подкова над дверью **приносит** удачу даже тем, кто в это не верит».

3. Недалеко от атолла Молласи, который **входит** в группу Багамских островов, аквалангисты нашли остатки корабля, две пушки и другие предметы, как предполагают, изготовленные в конце XVI или начале XVII века. Археологи **пришли** к выводу, что найденный корабль есть не что иное, как «Пинта» — одна из каравелл, принимавших участие в знаменитой экспедиции Колумба. Известно, что в 1499 году «Пинта» отправилась в плавание к берегам Америки, но попала в шторм и затонула.

4. Четыре с половиной месяца **провёл** на плоту моряк английского торгового флота Пуну Лима. 23 ноября 1942 года корабль, на котором он служил, торпедировала немецкая подводная лодка, и только 5 апреля 1943 года его спасли моряки бразильского рыболовного судна.

5. Наивысшая температура сухого воздуха, которую **перенесли** обнажённые мужчины во время эксперимента, **проводимого** Военно-воздушными силами США в 1960 году, составила 204 градуса, а температура, **перенесённая** ими в одежде, — 260 градусов. Напом-

ним: чтобы поджарить мясо, необходима температура всего лишь в 163 градуса.

6. Однажды американские учёные подсчитали, сколько времени тратит человек на разговоры. Они **пришли** к выводу, что «средний житель» **отводит** на беседы два с половиной года. Если напечатать все его разговоры на бумаге, то получится «собрание сочинений» в тысячу томов по 400 страниц в каждом.

7. 15 августа 1977 года в 10 часов 16 минут вечера радиотелескоп университета Огайо принял 37-секундный сигнал из созвездия Стрельца. Этот сигнал, несомненно, шёл от разумного источника и **нёс** все признаки развитой цивилизации.

8. Бывают случаи, когда исчезают известные люди. Удивительный случай произошёл с американским сатириком Аброузом Бирсом, который как раз писал о таинственных исчезновениях. Он отправился в Мексику в 1913 году, и с тех пор о нём никто ничего не слышал. **Ходили** слухи, что он погиб в каком-то бою. Но это маловероятно, так как ему было уже за семьдесят лет, к тому же он был инвалидом.

9. Самую большую бумажную модель самолёта сделали школьники из американского город Пендлтона. Её испытания **проходили** 24 мая 1990 года. Модель пролетела расстояние в 26 метров.

10. Как известно, первыми космонавтами были собаки. Их выбирали по размеру: нужны были маленькие собачки, да и то далеко не все. Маленькие породистые собачки не **подходили** для полётов в космос, так как они были избалованы «домашним воспитанием. **Подошли** как раз беспородные светлые собачки, потому что они отчётливее **выходят** на снимках.

Первый в мире старт четвероногих космонавтов состоялся 22 июля 1951 года. Две собаки — Дезик и Цыган — поднялись в ракете на высоту более 100 километров и через 15 минут благополучно вернулись на Землю.

Задание 3. Прочитайте отрывки из фантастического романа А.Р. Беляева «Человек-амфибия». Проанализируйте использование глаголов движения. Обратите внимание на употребление глаголов движения в переносном значении, определите их значение. Составьте план пересказа каждой части в форме вопросов и перескажите каждую часть.

ЧЕЛОВЕК-АМФИБИЯ

1

Наступила душная январская ночь аргентинского лета. Шхуна «Медуза», капитаном и хозяином которой был Педро Зурита, стояла на якоре. На палубе спали ловцы жемчуга, утомлённые дневной работой и горячим солнцем. Время от времени то один, то другой ловец вставал и **брёл** к бочке с водой.

Ночью на вахте стоял старый индеец Бальтазар — ближайший помощник хозяина. Он сидел на бочке и дремал. Но если спали его глаза, то уши его не спали. И вот до его слуха **дошёл** какой-то звук, доносившийся далеко с океана. Звук повторился ближе. Казалось, что кто-то трубил в рог. Бальтазар **подошёл** к борту шхуны и внимательно посмотрел на поверхность океана.

Проснулись и другие ловцы. «Это он... Морской дьявол, — шептали они испуганно. — Это страшнее акулы. Мы не можем оставаться здесь! Надо позвать хозяина!»

На палубу **вышел** Педро Зурита, он **подошёл** к людям и спросил:

— Что случилось?

— Мы слышали его голос... морского дьявола! Надо быстрее **уходить** отсюда!

— Сказки, — ответил хозяин.

Но успокоить индейцев ему не удалось. Они кричали, что завтра же **сойдут** на берег и пешком **пойдут** в Буэнос-Айрес...

— Хорошо, — согласился Зурита, — Завтра на рассвете мы поднимем якорь. — Сказав это, он **ушёл** в свою каюту.

Ему уже не хотелось спать. Он закурил сигару и начал **ходить** из угла в угол по большой каюте. Он думал о неизвестном существе, которое недавно появилось в здешних водах, пугая рыбаков и прибрежных жителей.

Никто не видел этого «дьявола», но он уже несколько раз напоминал о себе. Одним людям он **приносил** вред, другим оказывал помощь. О нём **ходили** разные слухи, сочинялись разные легенды. «Это морской бог, — говорили старые индейцы, — он **выходит** из глубины океана один раз в тысячу лет, чтобы восстановить справедливость на земле».

Католические священники уверяли испанцев, что это «морской дьявол», который является к людям, потому что они забыли святую католическую церковь.

Все эти слухи **дошли** до Буэнос-Айреса и стали главной темой всех газет. Одни обвиняли «морского дьявола» во всех бедах, которые происходили с рыбаками, другие рассказывали, что он бросал в лодки рыбаков крупную рыбу и однажды даже спас утопающего: помог ему **доплыть** до берега и исчез.

Сначала правительственные чиновники не обращали на это внимания. Но волнение среди рыбаков всё усиливалось, и они не решались **выходить** в море. Лов сократился, и жители почувствовали недостаток рыбы. Тогда местные власти решили исследовать эту историю.

Полицейские катера две недели **плавали** по заливу, но никакого «дьявола» не нашли. Они арестовали несколько индейцев, которые, по их мнению, распространяли слухи о морском чудовище.

Начальник полиции опубликовал официальное сообщение, что никакого «дьявола» не существует, а люди, которые пугают доверчивых рыбаков, **понесут** заслуженное наказание.

На время это помогло. Однако шутки дьявола не прекратились. И тогда, чтобы решить эту проблему, отправили научную экспедицию. Члены экспедиции не встретили дьявола, зато узнали много нового о поступках неизвестного.

В докладе, опубликованном в газете, они писали: «В некоторых местах на берегу на песке были замечены следы человеческих ног, которые **выходили** из моря и **вели** обратно к морю. Однако такие следы мог оставить и человек, который **подъезжал** к берегу на лодке...»

Но главное, о чём умолчали учёные в своём докладе, заключалось в том, что «дьявол» появлялся в разных местах, расположенных далеко друг от друга, в течение короткого времени. Следовательно, можно **прийти** к выводу: или «дьявол» умел **плавать** с неслыханной скоростью, или же у него были какие-то особенные аппараты для этого.

Педро Зурита вспоминал эту загадочную историю, не переставая **ходить** по каюте. Он не заметил, как стало светло. Вдруг он услышал испуганные крики, которые доносились с палубы. Он **вышел** на палубу и увидел, что лодки, оставленные на ночь на воде, отвязаны. Ночной бриз **отнёс** их довольно далеко в открытый океан. Теперь утренний бриз медленно **нёс** их к берегу. Вёсла от шлюпок **плавали** по заливу.

Зурита приказал ловцам собрать лодки. Но никто не решался **сойти** с палубы. Зурита повторил приказ.

— Сам **лезь** в лапы дьяволу, — крикнул кто-то.

Зурита взялся за кобуру револьвера. Ловцы **отошли** к мачте и столпились там. Они враждебно смотрели на капитана. Столкновение казалось неизбежным.

Но в этот момент вмешался Бальтазар. Он поднял руки над головой, прыгнул в воду и **поплыл** к ближайшей лодке.

Теперь ловцы **подошли** к борту и со страхом наблюдали за Бальтазаром. Несмотря на старость и больную ногу, он отлично **плавал**. Он быстро **доплыл** до лодки, поймал **плавающее** весло и **влез** в лодку.

— Верёвка отрезана ножом,— крикнул он.

Видя, что с Бальтазаром не произошло ничего страшного, несколько ловцов последовали его примеру.

2

Солнце только что **взошло**. Голубое небо было безоблачно, океан неподвижен. «Медуза» бросила якорь в небольшой бухте, у скалистого берега.

Лодки рассеялись по заливу. На каждой лодке было два ловца: один нырял, а другой **вытаскивал** ныряльщика. Потом они менялись ролями.

Одна лодка **подошла** близко к берегу. Ныряльщик быстро опустился на дно. Вода была очень тёплая и прозрачная: каждый камень на дне был хорошо виден. Его товарищ по работе, индеец, держал в руке конец верёвки и смотрел в воду. Вдруг он увидел, что ныряльщик быстро, как мог, вскочил на ноги и сильно дёрнул верёвку. Индеец торопливо поднял товарища и помог ему **влезть** в лодку. Широко открыв рот, ныряльщик тяжело дышал. Его загорелое лицо стало серым — так он побледнел.

— Акула? — спросил товарищ.

Но ныряльщик, ничего не ответив, упал на дно лодки.

Что могло так испугать его на дне моря? Индеец стал всматриваться в воду и вдруг увидел что-то похожее на красный дым. Дым начал медленно **расползаться** во все стороны. И тут появилось что-то тёмное. Это было тело раненной акулы, а красный дым — кровью. Что произошло там? Он посмотрел на товарища, который неподвижно лежал на спине и бессмысленно смотрел в небо.

Тогда индеец **отвёз** своего товарища на шхуну. Когда ныряльщик **пришёл в себя**, он не мог сказать ни слова. Ловцы, которые были на шхуне, окружили ныряльщика и с нетерпением ждали его рассказа.

— Говори, если не хочешь, чтобы твоя трусливая душа **вылетела** из тела, — крикнул, наконец, молодой индеец.

И ныряльщик заговорил:

— Видел... морского дьявола...

— Его?!

— Смотрю — прямо на меня **плывёт** акула. Уже открыла пасть. Думаю, **пришёл** мне конец. И вдруг вижу — ещё **плывёт**...

— Другая акула?

— Дьявол!

— Какой он? Голова у него есть?

— Кажется, есть. Глаза, как стаканы, лапы, как у лягушки, сам блестит, как рыба. **Подплыл** к акуле и **нанёс** ей удар...

— Кого же ты больше испугался — акулы или чудовища?

— Чудовища, — без колебания ответил он, — хотя оно и спасло мне жизнь.

— Морской дьявол, — сказал молодой индеец.

— Морской бог, — поправил его старый индеец, — он **приходит** на помощь бедным.

Эта весть быстро **разнеслась** по лодкам, которые **плавали** в заливе. Ловцы поспешили вернуться на шхуну. Все окружили ныряльщика, спасённого «морским дьяволом». И он повторял свой рассказ, придумывая всё новые и новые подробности...

А Педро Зурита **ходил** по палубе, прислушиваясь к разговорам. Чем больше увлекался рассказчик, тем больше капитан убеждался в том, что всё это ловец выдумал от испуга. А, может быть, и не выдумал — ведь кто-то ранил акулу?

Его размышления были прерваны звуком рога. Этот звук поразил экипаж «Медузы», как удар грома.

И вдруг ловцы увидели, что из-за скалы появился дельфин. На его спине, как на лошади, сидел дьявол. У него было тело, как у человека, на лице — огромные глаза, как старинные часы, кожа блестела, как голубое серебро. Странное существо держало в руке длинную витую раковину. Оно ещё раз протрубило в эту раковину, засмеялось и крикнуло на чистом испанском языке: «Скорей, Лидинг, вперёд!»

Всё это длилось не больше минуты. Но зрители долго не могли **прийти в себя**. Они **бегали** по палубе, кричали. Старый индеец начал молиться богу, а молодой от испуга **влез** на грот-мачту.

Педро и Бальтазар с трудом восстановили порядок. И «Медуза» снялась с якоря и направилась на север.

3

Капитан «Медузы» спустился к себе в каюту, чтобы обдумать происшедшее. Что, если бы поймать «дьявола» и заставить его доставать жемчуг со дна океана! Этот «дьявол» может заменить всех ловцов. Зурита размечтался: он станет самым богатым человеком

Аргентины, деньги проложат ему дорогу к власти. Но надо быть очень осторожным. И прежде всего сохранить тайну.

Он собрал весь экипаж «Медузы» и приказал морякам молчать о том, что они видели морское чудовище. Но ему нужен был помощник, и он открыл свою тайну Бальтазару. Бальтазар согласился помогать хозяину за хорошее вознаграждение. Он выбрал пять самых смелых и сообразительных ловцов, а остальных уволил.

Зурита и Бальтазар быстро принялись за дело. По приказу Зуриты была изготовлена сеть.

Две недели стояла «Медуза» в заливе, команда которой для видимости занималась ловом рыбы. Две недели Зурита, Бальтазар и нанятые индейцы следили за поверхностью океана, но «морской дьявол» не появлялся.

В начале третьей недели «дьявол» наконец начал появляться. Он **приплыл** на дельфине. У подошвы отвесной скалы он отпустил дельфина и скрылся в глубине залива.

Зурита собрал команду и сказал:

— Сегодня «дьявол» едва ли **выплывет** из своего убежища. Поэтому нам надо осмотреть дно залива. Кто это сделает?

Бальтазар **вышел** вперёд и коротко сказал: «Я».

Все **сошли** на берег и **пошли** к отвесной скале у залива.

Бальтазар обвязал себя верёвкой, чтобы его можно было **вытащить** в случае опасности, взял нож и опустился на дно. **Прошло** сорок-пятьдесят секунд — Бальтазар не возвращался. Наконец он дёрнул верёвку, и его **вытащили** на поверхность. Отдышавшись, он сказал: «Узкий проход **ведёт** в подземную пещеру, морской дьявол мог скрыться только там».

Вскоре после захода солнца индейцы опустили проволочные сети в воду у входа в пещеру. К сети привязали колокольчики.

Наступила ночь. **Взошёл** месяц, его свет отражался на поверхности океана. Было тихо. Медленно **проходили** ночные часы. Люди начинали дремать. Вдруг зазвенели колокольчики. Люди вскочили и начали поднимать сеть. В сети кто-то бился.

Вот на поверхности океана показалась сеть, в ней при бледном свете месяца билось тело получеловека-полуживотного. «Дьявол» делал невероятные усилия, чтобы освободиться. Он вынул нож и начал резать сеть. И, к удивлению пловцов, ему удалось разрезать сеть и **уйти** в глубину океана.

Зурита, опустив голову, смотрел на воду с таким видом, как будто там утонуло всё его богатство.

4

Зурита часами стоял на берегу и смотрел на море. Но «морской дьявол» не появлялся.

— Надо придумать что-нибудь новое, — говорил Зурита. — Дьявол живёт на дне моря и не хочет **выходить** из своего убежища. Значит, чтобы поймать его, нужно **пойти** к нему — опуститься на дно. Это ясно!

Бальтазар **съездил** в Буэнос-Айрес и **привёз** оттуда два водолазных костюма.

На другой день, на заре, несмотря на плохую погоду, Зурита и Бальтазар опустились на дно моря. Через узкий проход они **влезли** в подводную пещеру. Она была пуста и необитаема, только мелкие рыбки **плавали** вокруг. Зурита **отогнал** их рукой, и они осторожно **прошли** вперёд. Путь им преградила железная решётка, закрытая изнутри. Это была новая загадка!

Зурита подал знак Бальтазару, и они **вышли** из подводной пещеры: больше им делать было нечего, и они поднялись на поверхность.

— А не думаешь ли ты, Бальтазар, — спросил Зурита, — что пещера может иметь два выхода: один с залива, а другой с поверхности земли?

Теперь они принялись изучать берег. На берегу Зурита **набрёл** на высокую стену из белого камня, окружавшую огромный участок земли. Он **обошёл** стену, в которой были только одни железные ворота. А кругом — безлюдная, дикая местность: голые скалы, а внизу залив.

Зурита несколько дней **бродил** вдоль стены, долго следил за железными воротами. Но ворота не открывались: никто не **входил** в них и не **выходил**; ни один звук не **долетал** из-за стены.

Бальтазар от индейцев узнал, что над заливом живёт доктор Сальватор. Индейцы называли его Богом, который **сошёл** на землю, потому что он может творить чудеса. И индейцы **шли** к нему за помощью отовсюду.

Получив эти сведения от Бальтазара, Зурита решил **съездить** в Буэнос-Айрес. Там он узнал, что Сальватор — талантливый и даже гениальный хирург. Во время войны он был на фронте и занимался операциями черепа. Он спас много тысяч человек. После заключения мира он **уехал** к себе на родину в Аргентину, купил участок земли и построил крепость, прекратил всякую практику, стал заниматься только научной работой в своей лаборатории и лечил только индейцев.

Зурита попытался попасть в крепость к доктору Сальватору. Он долго стучал в ворота, но никто не открыл ему.

Тогда за дело взялся Бальтазар: он послал своего брата Кристо шпионом к Сальватору.

Кристо был сильным, ловким человеком и хитрым, как дикая кошка. Он взял на руки умирающую девочку-индианку и **пошёл** с ней к Сальватору. Когда он **подошёл** к железным воротам, постучал в дверь четыре раза, и дверь открылась. Его встретил сам доктор Сальватор. Он осмотрел девочку и сказал Кристо, чтобы он **пришёл** за ней через месяц. Индеец низко поклонился и **вышел**.

5

Ровно через месяц Кристо снова **пришёл** в крепость. В дверях стояла девочка в новом платьице, здоровая и румяная.

Кристо упал на колени перед Сальватором и дрожащим от слёз голосом сказал: «Вы спасли жизнь моей внучке. Что может предложить вам бедный индеец, кроме своей жизни? Возьмите меня к себе на работу, и я буду служить вам, как собака! Прошу вас, не откажите мне в этой милости». Сальватор согласился: этот индеец показался ему человеком, который **подходил** для работы в крепости. Так Кристо остался у Сальватора. Здесь он увидел много странного — обезьяну, которая могла жить под водой, собак, похожих на ягуаров, и многое другое. Но «морского дьявола» он не видел...

Тогда Зурита и Бальтазар разыграли нападение на Сальватора во время его охоты, а Кристо выполнял роль спасителя. Таким образом хитрый индеец **вошёл в доверие** к доктору.

Через некоторое время после своего чудесного спасения Сальватор **подошёл** к Кристо и сказал: «**Идём** со мной». Он открыл дверь, скрытую в скале, и по лестнице, которая **вела** на дно пустого бассейна, они спустились вниз и остановились перед другой лестницей, которая **уходила** куда-то под землю... Наконец Кристо увидел какое-то человекообразное существо, которое вышло из зарослей кустарника. Это был «морской дьявол»!

— Сними очки и перчатки, — сказал Сальватор. «Дьявол» послушно снял очки и перчатки, и Кристо увидел перед собой стройного красивого молодого человека. Кожа на его лице и руках была светлая, у него были правильный овал лица, прямой нос, тонкие губы и большие лучистые глаза.

— Познакомьтесь: Ихтиандр, человек-рыба, или, вернее, амфибия, — представил юношу Сальватор.

Юноша приветливо улыбнулся, протянул руку индейцу и сказал по-испански: «Здравствуйте!»

Кристо молча пожал ему руку. Он был так поражён, что не мог сказать ни слова.

А Сальватор продолжал: «Слуга Ихтиандра заболел. Я хочу тебя сделать постоянным слугой Ихтиандра».

Кристо молча кивнул головой.

6

Однажды Ихтиандр **плыл** в океане после грозы. Когда он **всплыл** на поверхность, заметил на волнах недалеко от себя какой-то предмет. Когда он **подплыл** ближе, увидел, что это была молодая девушка, привязанная к доске. Он ухватился за доску и **поплыл** с ней к берегу. Он **плыл** быстро, напрягая все свои силы. И вот полоса прибоя. Волны сами **несли** его к берегу. Наконец он попал на мелководье, **вынес** девушку на берег, отвязал от доски, **перенёс** её в тень и стал **приводить** её в чувство — делать искусственное дыхание. Через некоторое время он приложил ухо к сердцу девушки и услышал слабое биение. Она жива! Ему хотелось кричать от радости. В этот момент девушка приоткрыла глаза, посмотрела на Ихтиандра, и на её лице появилось выражение ужаса. Она сразу же закрыла глаза. Ихтиандр был огорчён и обрадован: он спас девушку, но теперь должен был **уйти**. Вдруг он услышал чьи-то тяжёлые быстрые шаги. Ихтиандр нырнул в волну и быстро **поплыл** под водой к скале, **вышел** из воды, спрятался за скалой и стал наблюдать за берегом. Из-за дюны **вышел** смуглый человек с усами и шляпой на голове. Он негромко сказал по-испански: «Вот она, слава Иисусу!» Он **подбежал** к океану, окунулся в волны и весь мокрый **побежал** к девушке. Девушка открыла глаза, страх на её лице сменился удивлением, потом гневом и неудовольствием. Мужчина что-то горячо говорил девушке, потом помог ей встать, и они **пошли**...

Они **проходили** мимо скалы, где спрятался Ихтиандр. Девушка с сомнением сказала: «Так это вы спасли меня? Благодарю. Да вознаградит вас Бог». — «Не Бог, а только вы можете вознаградить меня,» — ответил смуглый.

Девушка будто не слышала его слов. Она помолчала немного, а потом продолжала: «Странно. А мне показалось, что около меня было какое-то чудовище».

И они **прошли** мимо — чудесная девушка и этот нехороший человек, который говорил девушке, что он спас её. Но Ихтиандр не мог уличить его во лжи...

Ихтиандр **вышел** из своего укрытия. Океан выбросил на берег синюю рыбу. Он взял её и бросил в море. Рыба **поплыла**, но Ихтиандру стало почему-то грустно. Он **бродил** по пустынному берегу, собирал рыб и **относил** их в океан. Постепенно это занятие увлекло его, и к нему возвратилось его постоянное хорошее настроение.

7

Кристо теперь часто виделся с Ихтиандром. Они быстро подружились. Ихтиандр, лишённый общества людей, привязался к старому индейцу, который рассказывал ему о жизни на земле.

Однажды Ихтиандр вернулся из океана чем-то расстроенный. Он поднял на индейца свои большие, на этот раз печальные глаза и сказал: «Кристо, я видел девушку. Я никогда ничего не видел прекраснее — даже на дне океана. Я **плыл** на дельфине вдоль берега и вдруг увидел её. У неё глаза синие, а волосы золотые. Она увидела меня, испугалась и **убежала**. Зачем я надел очки и перчатки? Однажды я спас какую-то девушку, которая тонула в океане. Может быть, это та девушка? Я ждал её, но она не вернулась. Кристо, неужели она больше никогда не **придёт** на берег?»

«Очень хорошо, что ему нравится девушка,» — подумал Кристо. Он уже пытался уговорить Ихтиандра посетить Буэнос-Айрес, где Зурита мог бы легко захватить юношу.

— Девушка может и не **прийти** на берег, — сказал Кристо, — но я помогу тебе найти её. Ты наденешь городской костюм и **пойдёшь** со мной в город.

8

Индеец хотел удивить Ихтиандра и **повёл** его по главным улицам города. Но он ошибся, движение большого города, пыль и духота плохо подействовали на Ихтиандра: он задыхался. Опустив голову, он **шёл** следом за Кристо, тяжело дыша. Ему хотелось снять одежду и броситься в море.

А Кристо **вёл** его к своему брату Бальтазару, который жил в Новом порту. Они **перешли** железнодорожные пути и **подошли** к какой-то лавке.

Эта лавка принадлежала Бальтазару. Кристо оставил юношу одного в лавке, а сам **вошёл** в низкую дверь, которая **вела** в другую комнату — лабораторию Бальтазара. Здесь он восстанавливал жемчуг, потерявший блеск.

— Здравствуй, брат. А где Гуттиэре? — спросил Кристо. (Гуттиэре была приёмной дочерью Бальтазара).

— **Пошла** к соседке за утюгом. А ты **привёз** «дьявола»?

— Да, сидит в лавке. А где Зурита?

— Пропал куда-то. И всё из-за Гуттиэре. Она понравилась Зурите. Он хотел жениться на ней, но она отвергла его!

— Что же нам теперь делать с «дьяволом»?

Бальтазар открыл дверь и **вошёл** в лавку. Ихтиандра там не было! Посреди комнаты стояла Гуттиэре.

— Здравствуй, Гуттиэре, — сказал Кристо.

— А где молодой человек? — спросил Бальтазар.

— Когда я **вошла** в лавку, он странно посмотрел на меня и **убежал.**

«Это была она,» — подумал Кристо.

9

Ихтиандр **бежал** вдоль берега моря. Наконец остановился, разделся, спрятал свою одежду и бросился в море...

Но **прошло** время, и ему снова захотелось встретиться с голубоглазой красавицей. Ежедневно он **приплывал** к берегу моря, где впервые увидел её. Он снимал очки и перчатки, прятал их, надевал белый костюм и ждал...

Однажды вечером он увидел её на берегу, но не решался **подойти** к ней. А она нетерпеливо **ходила** взад и вперёд, поглядывая на дорогу.

Она ждала своего знакомого, с которым собиралась **уехать** из Буэнос-Айреса в Северную Америку, потому то её отец Бальтазар хотел выдать её замуж за богатого испанца Зуриту, которого она не любила. Но отец настаивал, так как был должен Зурите крупную сумму денег и боялся разориться. Гуттиэре же, чтобы **убежать** от отца, нужны были деньги на покупку билетов на пароход, поэтому она решила продать жемчужное ожерелье. В этом ей обещал помочь её знакомый Ольсен.

И вот девушка замахала кому-то рукой. Ихтиандр увидел молодого высокого человека, который быстро **шёл** по дороге. Он **подошёл** к девушке и ласково сказал:

— Здравствуй, Гуттиэре!

— Здравствуй, Ольсен, — ответила она.

— **Принесла?** — спросил Ольсен.

Она кивнула головой. Затем расстегнула жемчужное ожерелье и подняла руку вверх, чтобы полюбоваться им. Но вдруг ожерелье выскользнуло из её руки и упало в море.

— Что я наделала! — воскликнула Гуттиэре.

— Может быть, его можно достать? — сказал Ольсен.

Но Гуттиэре знала, что даже её отец — лучший ловец жемчуга — не мог бы достать его здесь.

Услышав это, Ихтиандр **вышел** из-за скалы и решительно **подошёл** к Гуттиэре.

— Вы, кажется, уронили в море жемчужное ожерелье? — спросил он. — Если вы хотите, я достану его.

И, к удивлению Гуттиэре и Ольсена, юноша, даже не раздеваясь, бросился в море с высокого берега и скрылся в волнах.

Прошла минута, вторая, а юноша не возвращался.

— Погиб, — тревожно сказала Гуттиэре.

Неожиданно юноша **всплыл** с ожерельем в руках. Он **подошёл** к девушке и подал ей ожерелье.

— Благодарю вас, — сказала она, с новым любопытством глядя на незнакомца. А Ихтиандр, поклонившись ей, быстро зашагал по дороге...

10

Весь следующий день Ихтиандр **провёл** под водой в поисках жемчуга. А наутро, уже одетый, он был у скалы, где встретил Гуттиэре и Ольсена. Когда Гуттиэре **пришла**, он **вышел** из-за скалы, **подошёл** к девушке и протянул ей жемчужины.

— Возьмите, пожалуйста, вы ведь любите жемчуг, — сказал он.

Гуттиэре хорошо знала цену жемчуга. Эти превосходили все, какие она видела.

— Нет, — ответила девушка, покачав головой. — Я не могу принять от вас такой дорогой подарок.

— Это совсем не дорогой подарок, — горячо возразил Ихтиандр. — На дне океана тысячи таких жемчужин.

Но Гуттиэре была тверда.

Тогда Ихтиандр бросил жемчуг далеко в море, повернулся и **пошёл** по дороге прочь.

Этот поступок ошеломил девушку: он бросил в море миллионное состояние, как простой камешек!

— Постойте, куда же вы? — крикнула она.

Но Ихтиандр продолжал **идти**, низко опустив голову. Она **догнала** его, взяла за руки и заглянула в лицо. По щекам юноши текли слёзы.

— Простите меня, я огорчила вас, — сказала девушка.

После этого события Ихтиандр **приплывал** каждый вечер к берегу недалеко от города, брал спрятанный костюм, одевался и **шёл** к скале, куда **приходила** Гуттиэре. Они гуляли вдоль берега и оживлённо беседовали. Он был неглуп, остроумен, знал многое, чего не знала Гуттиэре, и в то же время не понимал самых простых вещей, которые известны каждому городскому мальчишке. Ихтиандр неохотно говорил о себе. Гуттиэре узнала только, что он сын доктора, по-видимому, очень богатого. Он воспитал сына вдали от города и людей и дал ему очень своеобразное образование.

Иногда они долго сидели на берегу. У их ног шумел прибой. Мерцали звёзды. Ихтиандр был счастлив.

— Пора **идти**, — говорила девушка.

Ихтиандр неохотно прощался с ней, потом быстро возвращался к скале, снимал одежду, прятал её и **уплывал** к себе.

Теперь он очень много времени **проводил** вне океана на земле. И это не **проходило** даром: всё чаще и сильнее стали болеть его бока, иногда боль становилась нестерпимой.

11

Он начал собирать жемчужины. Делал он это с удовольствием.

Однажды Ихтиандр увидел, как рыбаки стреляли с лодок в дельфинов. Большой дельфин, раненный рыбаком, высоко **взлетел** над водой и тяжело опустился. Один из рыбаков прыгнул в воду и ждал, когда раненное животное **всплывёт** на поверхность. И дельфин **всплыл**. Рыбак схватил его за плавник и **потащил** обессиленное животное к лодке.

Ихтиандр, **плывя** под водой, **догнал** рыбака и схватил его зубами за ногу. Рыбак подумал, что это акула, и ударил врага ножом, который держал в руке, и попал Ихтиандру в шею. Ихтиандр выпустил ногу рыбака, и тот **поплыл** к лодке. А юноша и дельфин **поплыли** к заливу. Они **приплыли** в подводную пещеру. Вода здесь **доходила** до половины пещеры. Ихтиандр осмотрел рану дельфина. Это была неопасная рана. Ему удалось **вытащить** пулю пальцами из тела животного. Дельфин терпеливо **перенёс** эту операцию.

Теперь надо было подумать и о себе. Ихтиандр быстро **проплыл** по подводному тоннелю, поднялся по лестнице в сад и **вошёл** в свой домик. Его встретил взволнованный Кристо:

— Что с тобой?

— Меня ранили рыбаки, когда я защищал дельфина, — ответил Ихтиандр.

Кристо начал перевязывать его рану и на плече заметил родимое пятно...

Юноша **пошёл** отдохнуть в свою комнату, а старый индеец задумался. Он вспомнил, что было много лет назад: он провожал жену брата Бальтазара, когда она возвращалась от родных. Она **ездила** в горы хоронить свою мать. В дороге она умерла от родов, но ребёнок был ещё жив, хотя и очень слаб. Одна старуха посоветовала Кристо **отнести** ребёнка Сальватору, чтобы он спас его от смерти. Кристо послушался совета и **отнёс** ребёнка Сальватору, который сказал, что ребёнка трудно спасти. И **унёс** его. А вечером Кристо сообщили, что ребёнок умер.

Ихтиандр чувствовал себя очень плохо. Рана на шее болела. У него был жар. Ему было трудно дышать на воздухе. Но, несмотря на это, он отправился на берег к скале, чтобы встретиться с Гуттиэре.

Она **пришла** в полдень. Стояла невыносимая жара. Ихтиандр стал задыхаться. Он хотел остаться на берегу моря, но Гуттиэре спешила вернуться в город из-за отца. И юноша **пошёл** провожать её по пыльной дороге, которая **вела** к городу. Он задыхался, лицо его было бледно.

В этот момент к ним **подъехал** смуглый всадник с усами. Он враждебно посмотрел на Ихтиандра и сказал:

— Где это видано, чтобы невеста накануне свадьбы гуляла с молодым человеком?

Гуттиэрэ рассердилась, но он не дал ей говорить:

— Отец давно ждёт тебя. А я буду в лавке через час.

Ихтиандр уже не слышал последних слов. Он вдруг почувствовал, что в глазах у него потемнело, дыхание остановилось. Он не мог больше оставаться на воздухе. Он почти терял сознание. Из последних сил он **побежал** к берегу и бросился в море с высокой скалы.

Гуттиэрэ вскрикнула от ужаса. Потом бросилась к Педро Зурите.

— Скорее... Спасите его!

Но Зурита не шевельнулся. Гуттиэрэ **побежала** к берегу, чтобы броситься в море вслед за Ихтиандром. Но Зурита схватил её за плечи, усадил на коня, Гуттиэрэ потеряла сознание...

13

От Ольсена Ихтиандр узнал, что Гуттиэрэ **вышла замуж** за Зуриту, потому что думала, что Ихтиандр погиб, а также чтобы спасти отца от разорения.

Ихтиандр очень хотел увидеть Гуттиэрэ и поговорить с ней. Ольсен объяснил ему, как добраться до города и где найти дом Педро Зуриты.

Ихтиандр немедленно отправился в путь. Он прицепился к пассажирскому пароходу, который **шёл** по реке. Так он добрался до города. Первая часть его путешествия закончилась, но оставалась самая трудная — наземная. Он **вылез** из воды на берег, снял очки и перчатки, высушил на солнце костюм и оделся. В измятом костюме он был похож на бродягу. Но он об этом не догадывался.

Навстречу Ихтиандру **шёл** человек в костюме с блестящими пуговицами, в белой фуражке и с кобурой на поясе. Ихтиандр спросил его, как **пройти** к дому Педро Зуриты.

— Протяни руки, — сказал толстый человек. Ихтиандр доверчиво протянул руки, и толстяк надел на них наручники.

Оказывается, прошлой ночью на соседней ферме было совершено убийство, и теперь полиция искала преступников. А Ихтиандр был очень похож на преступника.

Полицейский арестовал его и теперь **вёл** в тюрьму.

Ихтиандр понял только одно, что он лишён свободы и что её нужно вернуть при первой же возможности.

Наконец они **подошли** к мосту через пруд, **взошли** на него... И Ихтиандр бросился в воду. Полицейский бросился в воду вслед за ним. Ихтиандр **отплыл** на несколько метров в сторону и наблюдал за полицейским, как он искал его. Наконец, видимо, потеряв надежду на успех, полицейский **вышел** на берег. «Сейчас **уйдёт**», — подумал Ихтиандр. Но полицейский не **уходил**. К нему на помощь **пришли** три полицейских, которые **принесли** лёгкую лодку, багор и весло.

Лодку опустили на воду и стали искать утопленника. Ихтиандр не боялся поисков. Для него это была почти игра — он только **переходил** с места на место. Но полицейские замутили воду — и Ихтиандру было нечем дышать. Надо было **выходить** из воды, чем бы это ни кончилось. И он **вышел**... Увидев его, полицейские задрожали от страха, начали шептать молитвы: они подумали, что это был призрак. И это спасло Ихтиандра!

Но в доме Зуриты ему не **повезло**. Он стал звать Гуттиэре. Но вместо неё **вышел** Зурита со своей матерью. Они схватили Ихтиандра, связали, а потом Зурита **отвёз** его на свою шхуну и заставил искать на дне океана жемчуг. Так Зурита собирался разбогатеть.

Но это продолжалось недолго. Ихтиандру удалось **уйти** от Зуриты.

14

А в это время Кристо рассказал Бальтазару историю о рождении его сына и о родинке на плече Ихтиандра. Теперь они оба были уверены, что Ихтиандр — сын Бальтазара. Бальтазар был возмущён тем, что Сальватор превратил его сына в «морского дьявола», и он подал в суд жалобу на Сальватора. В это же время Зурита, рассерженный тем, что потерял Ихтиандра и с ним надежду на богатство, тоже подал в суд жалобу на Сальватора. Полиция арестовала Сальватора и Ихтиандра. Состоялся суд над Сальватором. Суд обвинил его в том, что он совершал незаконные операции на животных и даже на человеке. И свидетельством тому был человек-рыба.

Выступая на суде, Бальтазар сказал, что Ихтиандр его гордость, что он, спасая жизнь ребёнка, пересадил ему жабры молодой акулы, и ребёнок получил возможность жить на земле и под водой. Человек без скафандра, без кислородных приборов мог бы жить и работать под водой. Сколько бы пользы он мог **принести** человечеству, ибо богатство океанов беспредельно. Сколько бы людей можно было спасти от гибели...

15

Вечером в камеру к Сальватору **пришёл** смотритель и сказал:

— Профессор, я обязан вам жизнью за спасение жены. Я хочу устроить вам побег.

— Я не могу принять для себя этой жертвы— ответил Сальватор.

— Но если вы спасёте Ихтиандра, вы сделаете для меня больше, чем если бы освободили меня. Я здоров, силён и везде найду друзей, которые помогут мне **выйти** на свободу. А Ихтиандра необходимо освободить немедленно, иначе он погибнет. Он больше не может находиться в тюрьме в этих ужасных условиях.

Смотритель устроил Сальватору тайную встречу с Ихтиандром. Сальватор сказал Ихтиандру:

— Ты должен находиться в безопасном месте и как можно дальше отсюда. Такое место есть, оно находится по другую сторону Южной Америки, на запад от неё, в Великом океане на одном из островов Туамоту. Там ты не будешь одинок. Там ты встретишь верных друзей, их заботу и ласку. Это мой друг Арман Вильбуа. С ним живёт его жена, милая, добрая женщина, сын и дочь, которая родилась уже на острове, ей теперь должно быть лет 17, а сыну лет 25. Они знают о тебе из моих писем и, уверен, примут тебя в свою семью, как родного...

16

Все сторожа знали, что в тюрьме находится необычный заключённый — «морской дьявол», который сидит в ванне с морской водой. Эту воду время от времени меняли, **привозили** её в большой бочке.

Ольсен, с которым заранее договорился смотритель, **подъехал** к зданию тюрьмы с огромной бочкой, полной морской воды. Смотритель **вывел** Ихтиандра из тюрьмы. Ихтиандр **залез** в бочку. И Ольсен **выехал** со двора тюрьмы.

Была уже тёмная ночь, когда Ольсен **выехал** из города. Дорога **шла** берегом моря. Ветер крепчал. Волны **набегали** на берег и с шумом разбивались о камни. Наконец они **приехали** на место, Ихтиандр **вылез** из бочки, прыгнул на землю.

— Спасибо, Ольсен! — сказал юноша, крепко пожав ему руку. Уже у самых волн он вдруг обернулся и крикнул:

— Ольсен! Если вы увидите когда-нибудь Гуттиэре, передайте ей мой привет и скажите, что я всегда буду помнить её!

Юноша бросился в море и крикнула:

— Прощай, Гуттиэре! — И исчез в океане.

— Прощай, Ихтиандр! — тихо ответила Гуттиэре, которая спряталась за камнями.

Когда Гуттиэре узнала, что Ихтиандр жив и что сделал с ним Зурита, она **ушла** от мужа. И они с Ольсеном разрабатывали план побега для Ихтиандра. Гуттиэре понимала, что после пребывания в тюрьме Ихтиандр больше не сможет дышать воздухом и ему будет очень тяжело прощаться с ней.

Ветер крепчал, почти сбивал с ног. Море бушевало, шипел песок, грохотали камни...

— **Идём**, Гуттиэре! — ласково приказал Ольсен. Он **вывел** её на дорогу. Гуттиэре ещё раз оглянулась на море и, опираясь на руку Ольсена, направилась к городу.

Задание 4. Придумайте эпилог романа: напишите, как, по вашему мнению, сложилась дальнейшая судьба его героев — Ихтиандра, Гуттиэре, Ольсена, Сальватора, Бальтазара, Кристо, Зуриты.

Ключи к заданиям

Глава первая

Задание 13 (с. 25)

1. плывёт. 2. плавают. 3. бегают. 4. несёт. 5. летают. 6. ездят. 7. ведёт. 8. ходит, носит. 9. плывёт. 10. катают. 11. плавают. 12. гонит. 13. ползает. 14. катят. 15. лазить. 16. бегает, гоняет. 17. летит, везёт. 18. водит. 19. лезет. 20. лезут.

Задание 14 (с. 25)

1. ходит. 2. идёт. 3. ходит. 4. ехать. 5. идёте, ведёте. 6. ездить. 7. идёт. 8. езжу. 9. ходит. 10. возит. 11. ходил. 12. гонять. 13. летает. 14. ездить. 15. ходит. 16. идёт. 17. идёт.

Глава вторая

Задание 3 (с. 37)

1. поехали. 2. ездили. 3. пошла. 4. ходила. 5. пошёл. 6. пошёл. 7. ходил. 8. ездили. 9. поехала. 10. ходил.

Задание 9 (с. 42)

1. побежала, побежала. 2. поехала. 3. шла, повезли. 4. шла, полетел, побежала. 5. полетел. 6. понёс. 7. шли.

Задание 10 (с. 45)

1. шёл; полетела, покатилась; побежали. 2. поплыли; плыли, поплыли. 3. шла, несла, вела; шли, понесла. 4. полезла; лезла, покатились. 5. покатился, побежал; катился, бежал. 6. ползли; побежал; покатились, побежал.

Глава третья

Задание 2 (с. 56)

1. приехал. 2. приезжали. 3. уходил. 4. ушёл. 5. выходили. 6. прошли. 7. уезжал. 8. разошлись. 9. расходились. 10. заходил. 11. уходил. 12. уехал.

Задание 12 (с. 65)

1. отнёс. 2. принёс. 3. отнесли. 4. отнёс. 5. отнёс. 6. принёс. 7. принести. 8. отнести.

Задание 17 (с. 70)

1. Они должны пройти через лес.

2. Они должны перейти (по мосту) или переплыть реку.

3. Мне нужно пройти 7 вагонов.

4. Мне нужно перейти во 2-й вагон.

5. Вам надо перейти на другую сторону.

6. Вам надо пройти улицу до конца.

7. Иванов проплыл 400 метров за 2 минуты 47 секунд.

8. Пройдите мимо школы, книжного магазина, банка и аптеки.

9. Какие города мы будем проезжать?

10. Я перееду на юг.

Задание 19 (с. 71)

1. ездил. 2. ездил, съездил. 3. съездить. 4. съезди. 5. ездил. 6. схожу. 7. ходил. 8. съездил. 9. сходить. 10. сходи(те).

Задание 21 (с. 73)

1. ездили. 2. приезжали. 3. ездили. 4. приходили. 5. приезжали. 6. ездил. 7. ездил. 8. ездили. 9. приезжала. 10. ездил.

Задание 22 (с. 73)

вышел; побежали, побежал; подбежали; залезли (или влезли), прошли, перешли; подошёл.

Задание 23 (с. 74)

побежала; влезла; вытащить; пошла, вытащить; ушла, вылезли, подбежали; вылезла, убежали; пришла, принесла.

Задание 24 (с. 75)

1. подошла; вошла, вылез, пошёл; прошёл, подошёл, перешёл, вошёл, прошёл; влез; вышла; повезла.

2. пришла; вошла, подошла; подошла, потащила; тащить.

3. подвела; влезла; влезть, влезть, вылезти; вытащить; пришёл (побежал, прибежал).

Глава четвёртая

Задание 1 (с. 106)

I. 1. пролегать. 2. иметь успех. 3. работать. 4. иметь название. 5. иметь, содержать. 6. надевать. 7. обитать, жить. 8. выступать.

9. преподавать, обучать. 10. происходить. 11. иметь последствием чего-либо. 12. происходить. 13. иметь. 14. быть к лицу. 15. иметь. 16. распространяться. 17. поступать каким-либо образом. 18. заставлять быстро двигаться, быстро двигались или мчались. 19. идти в направлении чего-либо. 20. происходить. 21. быстро двигаться или мчаться.

II. 1. сделать действующим. 2. быть наказанным, казнённым. 3. осуществлять, выполнить. 4. состоять, быть частью. 5. появиться. 6. наказать, казнить. 7. дать время на что-либо, тратить время. 8. сделать вывод. 9. пробыть, прожить какое-либо время каким-либо образом. 10. погибнуть. 11. сохранить до определённого времени. 12. выдержать, испытать. 13. состоять, быть частью. 14. дать положительный/отрицательный результат. 15. выдержать, испытать. 16. сделать действующим, говорить. 17. дать положительный/отрицательный результат. 18. исключить. 19. иметь своим источником, началом. 20. осуществлять, выполнять. 21. выдержать, испытать, дать положительный/отрицательный результат. 22. приступать к чему-либо, имея определённую точку зрения. 23. дать положительный/отрицательный результат. 24. иметь разные точки зрения. 25. пролегать, торговать. 26. стать историческим достоянием; исторической ценностью. 27. соответствовать. 28. дать положительный/отрицательный результат. 29. опомниться. 30. ранить. 31. иметь направление; иметь своим источником, началом. 32. организовать присягу кому-либо. 33. осуществлять, выполнять. 34. причинить вред, убыток, урон.

Оглавление

Учебное издание

Скворцова Галина Леонидовна

Глаголы движения — без ошибок

Редакторы: Г.Н. Чепыгова, М.А. Кастрикина
Компьютерная верстка и оригинал-макет: С.Б. Лысиков

Подписано в печать 04.02.13 г. Формат 70 × 90/16
Объем 8,5 п.л. Тираж 1000 экз.
Зак   43.

Издательство ЗАО «Русский язык». Курсы
125047, Москва, 1-я Тверская-Ямская ул., д. 18
Тел./факс: +7(499) 251-08-45; +7(499) 250-48-68
e-mail: rkursy@gmail.com; ruskursy@gmail.com;
russky_yazyk@mail.ru; ruskursy@mail.ru
www.rus-land.ru

Отпечатано с готового оригинал-макета издательства
в типографии ФГБНУ «Росинформагротех»
141261, пос. Правдинский Московской обл., ул. Лесная, д. 60
Тел.: (495) 933-44-04

УПОТРЕБЛЕНИЕ ВИДОВ ГЛАГОЛА В РУССКОМ ЯЗЫКЕ

Г.Л. Скворцова

Цель данного пособия — научить иностранных учащихся в рамках базовой программы правильно употреблять виды глаголов.

Содержит теоретический и практический материал. Презентация изучаемого материала осуществляется в виде противопоставления глаголов совершенного и несовершенного вида и сопровождается комментариями. Для закрепления каждой темы предлагаются различные типы упражнений.

Материал пособия градуирован. Его можно использовать и на начальном, и на продвинутом этапах обучения русскому как иностранному в гуманитарных группах и группах естественно-технического профиля.